세계중년회의
世界中年会議

The World Congress of the Middle Aged
Selected poems of Yasuhiro Yotsumoto
by Yasuhiro Yotsumoto

Copyright © Yasuhiro Yotsumoto
Korean Translation copyright © 2025 by Moonji Publishing Co.,Ltd
All rights reserved.

This Korean edition was published by arrangment with the author.

이 책의 한국어판 저작권은 시인 Yasuhiro Yotsumoto와 독점 계약한
㈜**문학과지성사**에 있습니다.
저작권법에 의해 보호받는 저작물이므로 무단 전재 및 복제를 금합니다.

세계중년회의
世界中年会議

요쓰모토 야스히로 시선집

요시카와 나기 옮김

문학과지성사

세계중년회의
요쓰모토 야스히로 시선집

펴낸날 2025년 11월 10일

지은이 요쓰모토 야스히로
옮긴이 요시카와 나기
펴낸이 이광호
주간 이근혜
편집 김은주 주지현
마케팅 이가은 허황 최지애 남미리 맹정현
제작 강병석
펴낸곳 ㈜문학과지성사
등록번호 제1993-000098호
주소 04034 서울 마포구 잔다리로7길 18(서교동 377-20)
전화 02) 338-7224
팩스 02) 323-4180(편집) / 02) 338-7221(영업)
전자우편 moonji@moonji.com
홈페이지 www.moonji.com

ISBN 978-89-320-4474-3 03830

이 책의 판권은 지은이와 ㈜문학과지성사에 있습니다.
양측의 서면 동의 없는 무단 전재 및 복제를 금합니다.

차례

프롤로그를 대신하여 **구름의 중재** 9

제1부 일본에 대한 레퀴엠

『세계중년회의』(2002)
전자의 파도를 타는 신들 19
부슬부슬 21
세계중년회의 23
다녀오겠습니다! 30
크리스마스트리 납치 살인사건 33
2001년 12월 제2회 세계중년회의 36

『현대 닛폰 시일기詩日記』(2015)
봄의 강변 49
사막으로 51
아침의 카라반 53
이름 없는 젖가슴 55
마음대로 57
분수 59
발자국 61
단란 63
아버지 광석鑛石 65
아버지의 초상화 66
버터녀 68

『단조롭게 뚝뚝, 데퉁스럽고 난폭하게』(2017)
오·모·테·나·시 73
그 79
일본국 헌법 전문前文 88

미수록 작품
    공기의 일기 2021년 1월 4일 97

제2부 글로벌 자본주의 시편

『웃는 버그』(1991)
    접수처 105
    의사결정 107
    회계 108
    비서 109
    시시덕거리는 통화들 110
    노무관리 112
    친구 J 113
    타이피스트 115
    부채의 증권화에 대하여 117
    청소 아줌마 119
    경비원 120
    시장 붕괴 121
    복사기 122
    계산기 123
    문서세단기 124
    창가 126
    부장님과 UFO 128
    Samurai 130
    미노타우로스 132
    리어카를 끄는 미노타우로스 134
    밤에 소녀에게 이끌리는 눈먼 미노타우로스 136
    소 회장 1 138
    소 회장 2 140

제3부 언어와 의식

『언어 재킹』(2010)

언어 재킹—신칸센 안내방송 147
언어의 밀림 150
재활용 「비에도 지지 않고」 152
나의 '우' 155
상처의 족보 157
릴레이 '자기의 범위' 160
기호론 163
「아트로서의 시」 전시회 기획 메모 167
예언 171
기도 173

『소설小說』(2017)

시 vs 소설 177
소설 메들리 179
  시대소설·포르노소설·공포소설·번역소설·
  SF소설·독서의 즐거움
내가·죽은·이유 189
역류소설 191
묘사 193
퇴고하는 사람 196
i poet—윌 스미스는 시를 읽을까? 198

에필로그를 대신하여 섬을 풀다 204

옮긴이 해설 206
추천의 말 213

일러두기

1. 이 책은 四元康祐의 『世界中年会議』(東京: 思潮社, 2002), 『現代ニッポン詩日記』(大阪: 澪標, 2015), 『単調にぼたぼたと, がさつで粗暴に』(東京: 思潮社, 2017), 『笑うバグ』(東京: 花神社, 1991), 『言語ジャック』(東京: 思潮社, 2010), 『小説』(東京: 思潮社, 2017)을 저본으로 옮긴 것이다.
2. 이 시선집에 수록된 시의 목록은 옮긴이가 선정했다.
3. 본문의 주는 옮긴이의 것이다.

프롤로그를 대신하여

구름의 중재

미국 중서부의 한 대학에서 3개월 동안 진행된 국제 창작 프로그램의 중반쯤, 하마스가 이스라엘을 기습 공격했다. 이스라엘에서 온 여성 시인이 큰 충격을 받아, 이 프로그램이 끝나기도 전에 내 나라가 붕괴할지도 모른다고 말했다. 몇 주 후 그녀는 다른 작가들보다 먼저 귀국했다. 공항이 폐쇄될 경우 가족을 만나지 못할까 봐 두려웠기 때문이다. 그 무렵, 이스라엘군은 가자 지구에서 본격적인 공격을 시작했고, 수많은 사상자가 발생했다. 대학 캠퍼스 안에서는 이스라엘을 비난하며 즉각적인 휴전을 요구하는 학생들의 시위가 벌어졌다.

창작 프로그램에는 세계 각지에서 온 30여 명의 시인, 소설가, 논픽션 작가 등이 참가하고 있었는데, 그 전까지는 화기애애한 분위기였던 것이 전쟁을 계기로 분열과 대립의 기운이 감돌기 시작했다. 나 역시 한 젊은 작가에게 이스라엘과 팔레스타인 중 어느 쪽을 지지하느냐는 질문을 받았다. 내가 그런 이분법적인 논쟁에는 참여하고 싶지 않다고 답했더니, 그는 "이렇게 압도적인 전력 차이가 존재하는 상황에서, 어느 쪽도 지지하지 않는다는 것은 결국 이스라엘을 지지하는 것이나 다름없습니다"라고 강하게 몰아세우기도 했다. 보스니아의 소설가는 "우리는 지금까지 한 가족처럼 지냈지만, 지금은 역기능 가정dysfunctional family이 되어가는 것 같습니다. 이런 때일수록 솔직하게 이야기합시다"라고 호소했다. 그러나 분위기는 크게 달라지지 않았다. 결국 프로그램은 예정대로 종료되었으며, 작가들은 각자의 나라로 돌아갔다.

귀국을 앞둔 날, 핀란드 시인이 한 권의 사진집을 건네주었다. 먼저 귀국한 이스라엘 시인이 내게 전해달라고 부탁한 것이었다. 사진집에는 뉴욕 상공을 떠도는 다양한 구름이 담겨 있었다. 프로그램이 시작된 지 얼마 되지 않았을 때, 한 수업에서 어느 학생이 내 시에 등장하는 구름에 대해 물었다. 나는 웃으며 말했다. "저는 구름을 정말 좋아해요. 시인은 인간이 아닌 것들에 끌리는 경향이 있지 않을까요? 소설가는 끝까지 인간 세계에 집착하죠." 그녀는 그 말을 기억하고 있었던 것 같다.

일본으로 돌아온 후, 나는 「구름의 중재Mediation by

the Clouds」라는 제목의 영어 시를 써서 감사의 마음을 담아 이스라엘 시인에게 이메일로 보냈다. 그때도 그녀와 또 다른 작가가 와츠앱WhatsApp에서 다소 격한 논쟁을 이어가고 있었다. 그래서 이렇게 모호한 입장의 시가 반감을 살 수도 있겠다는 생각도 들었지만, 결국 나는 그냥 보내기로 마음먹었다.

그 시는 아래와 같다.

*

바로 이 순간
무서운 전쟁의 불길이 번져가고 있음을 알면서도
그 위에 떠 있는 구름을 올려다보는 것은
조금 꺼려지는 일이다

수천 명이 죽어가고 있는데
허공에 조용히 떠 있는 구름의 표표한 모습에
넋을 잃다니
비도덕적, 아니 비인도적이라는 비난조차 피하기 어려울 것이다

하지만 구름은 그곳, 땅과

하늘 사이에서 액체와
고체 어느 쪽에도 속하기를 거부한 채
떠오르는 아침 해에 얼굴을 붉힌다,
뻔뻔하게도
지상에서 벌어지는 유혈참사를 건성으로 흘려보내면서.

구름을 탓하지 마라. 처벌받아야 할 것은
시인이다. 인간보다
우주를 택하고, 굽이치며 끝없이 이어지는
역사보다 지금 여기서 영원으로 결정화된 순간을 더 사랑한 죄로 인해
시인은 울며 늙어 쇠약해지고 마침내 죽어야 마땅하다

그런데 구름에 관해서는 다음과 같은 움직일 수 없는 사실을
고려해야 할 것이다. 즉 어떤 존재도,
설령 미사일을 사용한다 해도, 구름의 흐름을 막을 수 없다는 것을.
여기에서 저기로, 우리에게서 그들에게, 있음에서
없음으로—그조차 있음의 한 형태다—

구름은 경계선을 넘어간다, 마치 느긋한 중재자처럼

인간은 구름이 아니다
인간은 살과 뼈와 피로 이루어져 있다
그러나 인간에게도 영혼이 있다고 한다
아득한 옛날, 중국인들은 영혼이 구름과 같은 물질로 이루어져 있다고 믿었다

그렇다면 한번 상상해보자. 우리 각자의 가슴속에
구름이 둥실 떠 있는 광경을, 유유히
인간으로부터 해방될 마지막 순간을 기다리고 있는 구름과
그리고 그 뒤에 펼쳐진 푸른 하늘을

*

이스라엘 시인에게서 바로 답장이 왔다. "당신이 보내준 시가 마음에 들었습니다." 안도한 순간, 다음 문장이 눈에 들어왔다. "그중에서도 가장 좋았던 것은, 당신이 부러 쓰지 않았던, '푸른 하늘을' 다음에 이어질 마지막 부분이었습니다." 그리고 이어지는 수십 행의 시가 있었다. 거기에서 대기 중의 수분 일부는 시가

되어 하늘로 올라가고, 나머지는 눈물이 되어 인간의 가슴속으로 흘러내리고 있었다.

(『현대시수첩現代詩手帖』 2024년 1월호)

제1부 일본에 대한 레퀴엠

『세계중년회의』
(2002)

전자의 파도를 타는 신들

일요일 밤, 엄마는 여느 때처럼
성경을 손에 들고 텔레비전 앞에 앉아
하느님이 머릿속을 어루만져주시길 기다렸다
사실은 루이지애나에 가고 싶은데
너무 멀기에 텔레비전으로 대신 본다
화면 속에서 목사님이 설교를 하고 있다
나는 성경 낭독도 설교도 좋아하지 않지만
기적을 보는 것은 좋아한다
휠체어에 앉아 있던 사람이 용수철 인형처럼 튀어 올라
울면서 날뛰듯 무대로 달려가
반짝이는 옷을 입은 목사님의 발밑에 엎드렸다
그랬더니 엄마도 손으로 이마를 누르고
휘청거리며 일어서서
눈을 꼭 감은 채 큰 소리로
"주님이 나를 만지셨다"라고 외쳤다
 그 순간 지붕 위의 고양이가 안테나를 넘어뜨려 화면이 꺼지고
 엄마는 더 이상 꼼짝하지 않았다

아마 하느님이 엄마의 머릿속을
계속 만지고 계실 것이다
나는 엄마가 그대로 하느님께 가버릴까 봐
울면서 외쳤다
엄마, 엄마, 제발 돌아와요
하느님, 부탁이에요
전자의 파도를 타고 루이지애나로 돌아가주세요

부슬부슬

바짝 말라버린 카스텔라처럼
무너져가요
손톱으로 가볍게 건드려도
부슬부슬 부슬부슬

무엇인지 모르지만
흔들리는 거대한 것
그 뿌리를 긁고 있어요
두려운데 멈출 수가 없어요

언젠가 꽝! 하고 터질지도 몰라요
그러면 당신은 어떡할 거예요?
둘 다 찌그러질 걸 알면서도
나를 지켜줄 수 있나요?

이렇게 겁을 주기만 해도
안절부절못하네요
남자는 정말 쓸데없어요

「세계증년회의」(2002)

곧 세계의 종말을 떠올리겠지요

아니에요
끝나는 게 아니에요
답답할 만큼 천천히 무너져 내리는 거예요
부슬부슬 부슬부슬

세계중년회의

 지난달 포르투갈에서 열린 제1회 세계중년회의에 일본 대표로 참석했다. 참가국은 OECD 가입국으로 한정되었으며, 마흔두 명의 참석자는 모두 남자였다. 초청장에는 쉬는 날 복장으로 오라고 적혀 있어서 나는 골프웨어를 입고 갔는데, 미국 대표들은 모두 헐렁한 버뮤다팬츠를 입고 왔으며, 독일에서 온 한 참석자는 아예 알몸으로 나타났다. 그 남자는 원래 지금쯤이면 호숫가에서 일광욕을 하고 있었을 거라며 변명했지만, 주최 측의 설득 끝에 마지못해 비키니 팬티를 입었다. 꽤 국제회의다운 장면이었다.

 바닷가에 있는 깔끔한 호텔에서 열린 이번 회의의 주제는 '선진국에서의 중년 인권 확립과 향상'이었다. 쉽게 말하면 여성, 아동, 소수민족과 마찬가지로 '중년'의 존재를 국제사회, 더 직접적으로 말하면 UN에 인식시키는 것이 목적이다. 원래 전 세계의 중년을 대상으로 삼아야 하지만, 도쿄에서 회사에 다니는 중간관리자와 에스키모 가족의 아버지는 같은 중년이라 해도 공통점이 너무 적다. 그래서 우선 선진국의 중산

층 이상을 대상으로 시작한 것이다. 당연히 예상된 일이지만, 이러한 회의를 개최하는 것 자체가 중년의 '남북문제'를 한층 더 첨예화한다는 비판이 OECD 비가입국의 중년들에게서 나왔다. 그러나 나는 그래도 현실적인 접근이라고 생각했다. 새로운 운동을 일으킬 때는 그런 논쟁이 으레 따르게 마련인데, 일단 이런 회의라도 열지 않으면 중년이라는 존재가 국제사회에서 인정받지 못할 것이고, 그러면 '남북문제'조차 성립되지 않을 것이기 때문이다.

아메리칸 익스프레스 골드카드가 의사 진행을 주관했다는 사실은 이 회의의 성격을 여실히 보여주었다. 하늘과 바다를 가득 채운 한여름의 햇빛을 눈부시게 반사하며, 얄팍한 몸을 팔랑팔랑 좌우로 흔들면서 개회 인사를 하는 그의 모습은 나를 포함한 참석자들이 연대감을 형성하는 데 도움이 된 듯하다. 그는 중년을 논할 때 피할 수 없는 소비와 죽음의 문제는 "2년에 한 번씩 가위로 몸이 잘리는 내가 누구보다 절실히 생각하고 있다"고 말하며 우리를 웃기면서 이야기를 본질적인 방향으로 이끌려고 했다. 다만, 빌 게이츠(본인은 참석하지 않았지만)가 명예회장을 맡았고, 특별 게스트로 O. J. 심프슨이 위성중계로 메시지를 보내온 것에 대해 참석자들 사이에서도 지나치게 미국 중심적인 분위기라는 지적이 나왔다는 사실도 기록해두어야 할 것이다.

 몇 개의 기조 강연이 끝난 후 우리는 작은 분과회로 나뉘어 토론을 했다. 테마는 '잔디 깎기—고독과 성취감으로 인한 구제' '쇼핑몰 속에서의 방황—중년은 어디로 가는가' '휴대전화에서 보이스메일로—통과하는 우리가 남겨야 할 메시지' 등 구체적이고 일상적인 문제에서 시작해 중년의 보편성을 찾고자 하는 것이었다. 나는 '통근—뫼비우스의 띠'라는 분과회에 참석해 통근이라는 행위 속에 내재된 모순, 즉 밤낮없이 이동하는 것 자체가 답답한 삶을 더 답답하게 만든다는 문제에 대해 이야기를 나누었다. 그 분과회에서는 내가 유일한 일본인이었는데, "그 유명한 일본의 통근 지옥에서 초만원 전철을 타는 것은 오히려 중년의 고뇌를 함께 나누며 치유하는 효과가 있지 않을까?"라는 질문을 받고 새로운 깨달음을 얻는 등 귀중한 체험을 했다.

 또한 분과회와 별개로 개인적인 체험을 서로 보고하는 모임도 개최되었다. 나에게는 이것이 분과회보다 더 흥미로웠다. 예를 들어 미국에서 온 한 중년 남성이 "이제 나는 하드코어 포르노를 봐도 흥분하지 않지만, 일요일 이른 아침 식구들이 일어나기 전, 환하고 조용한 부엌에서 디카페인 커피를 마시면서 두꺼운 신문에서 빠져나온 광고지 속의 속옷 차림 여자들을 멍하니 바라보다가 문득 발기가 될 때가 있다. 그 순간, 내가 중년이 되었음을 실감했다"고 말했다. 이 경험담은 모든 참석자에게 큰 감동을 안겨주었으며, 나에게 국적이나 직업과 상관없이 중년이라는 보편적인 주체가 존재함을 새삼 확인하게 하는 가장 강력한 근거가 되었다.

일주일에 걸친 토의를 끝내고 최종 성명을 발표할 때 어려움이 있었다. 대립하는 의견을 정리하는 것이 어려운 것은 아니었다. 중년의 문제는 본질적으로 추상적이고 정신적인 것이기 때문에 여성이나 난민의 인권 문제와 같은 차원에서 언어화하는 것이 불가능했다. 현황을 정확히 전달하려고 하면 할수록 비중년들에게는 중년 아저씨들의 푸념처럼 들릴 것이 쉽게 예상되었고, 그렇지 않아도 만성적으로 우울한 우리를 더욱 침울하게 만들었다. 노년의 경우, 중년과 통하는 정신적 문제뿐만 아니라 경제 보장의 문제가 있어 UN적인 언어로 논의하는 것도 비교적 쉽지만, 중년의 경우 경제력의 과잉성이 오히려 정신적 문제를 심각하게 만들고 있다. 한때는 비관론이 지배하고, 차라리 노년이 될 때까지 기다려 문제를 보류함으로써 해결하자는 발언조차 나왔으나, 다행히 앞서 언급한 독일의 일광욕 비키니남이 재치 있게 대처한 덕분에 겨우 세계중년헌장을 정리할 수 있게 되었다.

우리 중년이야말로 세계의 생산성을 지탱하는 존재임에도 불구하고, 혹은 그런고로 중년은 자신의 문제를 다른 그룹과 같은 차원에서 제시하지 못하고 있으며, 그런 점에서 중년의 인권은 차별받고 있다. 중년의 피폐는 세계의 번영에 단기적으로도 심대한 영향을 미치므로, 중년이 안정되지 않으면 다른 그룹의 인권 향상도 불가능해진다. 따라서 UN 및 각국 정부는 중년의 인권을 인정하고, 적어도 다른 그룹을 위해 하는 것과 동등한 노력을 기울여야 한다. 올해를 세계 중년 원년으로 정하고, 4년마다 세계 회의를 개최한다. 앞으로 OECD 비가입국의 회원도 참가할 수 있도록 조정한다. 이상이 그 핵심 내용이다. 지면의 제한으로 인해 원문을 인용할 수 없으나, 자신의 본래성에 눈을 뜬 자만이 가질 수 있는 존엄과 용기로 가득한 격조 높은 헌장이라고 자부한다.

수평선 너머 장엄하게 타오르는 노을 속에서 시작된 폐회식을 나는 잊지 못할 것이다. 조용히 저물어가는 하늘 아래에서 바비큐의 불꽃이 더욱 빛나며 태고의 모닥불처럼 우리들의 옆얼굴을 비추었다. 집 뒤뜰에서 하는 평범한 바비큐를 지배하는 공허한 이야기, 예를 들어 최신 전자수첩의 사용감이라든가, 어느 항공사의 마일리지가 가장 유리하다든가, 최근 화제가 된 숯불 대신 신문지를 써도 신기하게 잘 구워지는 바비큐 그릴은 살 만하다든가 하는 그런 대화는 이곳에 없었다. 우리는 어린이 과학 잡지에 등장하는 유인원처럼 가만히 어둠과 대치했다. 그리고 그 침묵 속에서 우리를 중년으로서 한데 묶는 최대공약수, 즉 중년의 유대가 천천히 모습을 드러내고 있음을 우리는 알았다. 유대의 본질은 불안이었다. 지역의 치안 악화, 자산 가치 하락, 해고, 아내들의 성 개방, 아이들의 교육 문제, 쇠약해지는 육체와 그것과 상관없이 예고 없이 내일 찾아올 수도 있는 죽음. 그런 개별적인 불안을 뛰어넘는 거대한 불안, 인류의 역사가 그 위에 성립된 듯한 원초적 불안을 누구보다 절실하게 느끼고, 무서워하며, 그 중압에 신음하면서 사는 것이 바로 우리 중년이었다.

묵묵히, 게걸스럽게, 서로가 서로에게서 자신을 지키려는 듯한 자세로 고기를 탐식한 후, 우리는 진행을 담당했던 아멕스를 불 앞에 끌어내고 사람 키만 한 큰 가위로 잘랐다. 아멕스는 자애로운 눈길로 우리를 바라보며 기묘한 억양으로 "제가 누군지 아세요?"라고 세 번 되풀이해 물었으며, 우리 모두 말없이 고개를 끄덕였다. 옆구리가 잘린 아멕스가 불 속에서 활활 녹는 모습을 끝까지 지켜본 후, 우리는 서로 좌우의 참석자와 조용히 인사를 나누었다. 그리고 불이 꺼지고 깊은 어둠이 찾아왔다.

이렇게 막을 내린 기념비적인 제1회 세계중년회의는 모든 참석자가 자신의 중년성을 정면으로 마주 보고, 중년으로서의 자신을 다시 인식하는 유익한 시간이었다. 세계는 중년과 비중년으로 구성되어 있다. 남자가 집 밖으로 나오면 일곱 명의 적이 있다는 속담이 있지만, 중년은 집 안에서도 비중년들에게 둘러싸여 살아가고 있다. 그런 의미에서 이러한 공식 행사와 더불어 착실한 풀뿌리 운동을 전개하는 게 중요할 것이다. 나도 일본 대표로서 자랑스럽게 활동할 수 있도록 앞으로도 중년의 인권 향상을 위해 더욱 노력해나갈 것이다.

다녀오겠습니다!

아침에 유치원에 간 아들이
저녁에 서른다섯 살이 돼서 돌아왔다
늦었네 하고 말했더니
벽에 걸린 뻐꾸기시계를 그리운 듯이 올려다보면서
아들은 어른의 목소리로 응, 하며 대답했다

그동안 뭐 했어? 아내가 묻자
아들은 낯익은 미소를 띠고 머쓱하게 말했다
3년 전에 결혼했고 아이는 없고 직업은 우주건축가라고
나도 그런 식으로 내 인생을 요약했지
어, 이 녀석 벌써 흰머리가 났네

나와 동갑인 아들이 술을 따라주는 게 쑥스러워서
엉겁결에 "아, 고마워요" 하고 말해버린다
아내가 아들과 나의 얼굴을 찬찬히 비교해본다
그런데 아들이 30년 후의 지구에 대해서 말하기 시작했을 때

우리 부부는 경악했다

어떻게 그런 비참한 세계에서 용케 살아남았을까
환경 파괴, 인구 폭발, 핵무기, 민족주의에다 테러리즘
불씨는 지금도 곳곳에 넘쳐나고 있다
가만있자, 그 지금이 돌이킬 수 없는 과거가 된 미래가 아들 세대의 지금이고
복잡하지만 최악의 시나리오가 현실이 된 것만은 확실하다

저어, 소용이 없을까? 이제부터 엄마 아빠가 노력해봐도?
글쎄요, 시간의 불가역성이라는 게 있으니까요
아내는 연극의 한 장면처럼 아들의 옷소매를 잡고
여기서 같이 살자고 울면서 애원하지만
그것도 역시 섭리에 반할 것 같다

미래는 전적으로 우리 부덕의 소치인데
아들은 묘하게 관대하다
내가 그 세계에서 벌써 사라졌기 때문일까?
물어보고 싶기도 하지만

뭐, 아무래도 상관없지

"우리는 괜찮아요, 운 좋게 추첨에 뽑히면 달에 이민 갈 수도 있어요"

아들은 허리에 손을 대고 영차 하고 일어서고

나와 악수를 나누고 아내의 뺨에 외국인 같은 몸짓으로 입을 맞춘 뒤

현관에서 한밤의 어둠을 등에 지며 돌아보고

다녀오겠습니다!라고 다섯 살의 목소리로 외쳤다

크리스마스트리 납치 살인사건

  피해자인 전나무, 일명 크리스마스트리는
  12월 어느 날, 그 지역 유통업자에 의해 산속에서 납치되어
  도쿄의 대형 소매업체 창고로 연행된 후
  가장이 건설업에 종사하는 4인 가족에게 넘겨지고
  같은 달 24일, 아파트 세 평짜리 다다미방의 텔레비전 옆에 구속되었다
  피해자는 가장에 의해 신체 일부가
  톱 등의 날카로운 도구로 절단되고
  길이 다섯 치 정도의 못이 튀어나온 금속제 받침대 위에 박혔다
  식구들은 피해자의 신체에 소형 전구와 탈지면을 감싼 후
  술이나 오렌지주스 등을 마시며 노래를 불렀다
  그동안 피해자는 비명조차 지르지 못한 채 침묵을 지켰다
  오후 9시경 아이 둘이 옆방에서 취침하고 오후 11시가 넘어

가장과 아내는 피해자 바로 옆에서 성교한 후 잠자리에 들었다
피해자는 어둠 속에서 홀로 눈을 뜨고 있었다
그 상태로 몇 시간이 흘렀다
새벽 무렵 피해자의 후견인인
침엽수림, 일명 숲이 실내에 들어왔다
침입 경로 및 목적은 밝혀지지 않았다
피해자를 구출하지 않았고 실내를 뒤진 흔적도 없었다
그러나 숲은 식구들의 콧구멍을 통해 꿈속으로 잠입해
생사는 서로 얽혀 있는 밧줄과 같아 끊임없이 변형되며
사람은 죽음을 통해서만 삶을 만날 수 있다고 속삭였다
아침에 눈을 떴을 때 식구들은 아무도 그 메시지를 기억하지 못했지만
여섯 살 된 남자아이가 2년 만에 이불에 오줌을 쌌다
숲 냄새는 곧 된장국과 밥 냄새에 묻혔고
피해자는 절단된 상처에서 체액을 흘린 채 의식을 잃고 숨을 거두었다
그 사체는 태울 쓰레기로 길 위에 유기되었다가

다음 주 매립지 소각로에서 완만한 나선을 그리며
겨울 하늘로 승천했다

2001년 12월 제2회 세계중년회의

작년 말, 제2회 세계중년회의에 참석했다. 제1회 회의가 1997년에 열렸으니 4년 만에 다시 열린 셈이다. 이번 회의는 여러 면에서 지난 회의와 달랐다. 우리의 삶에서, 특히 이 시기(말할 나위도 없이 중년기이다)에서 4년이라는 시간이 얼마나 길고 무거운지 새삼 실감했다.

가장 큰 특징은 참석자 수의 증가와 인종, 국적, 연령의 다양성이었다. 제1회 회의는 선진국의 비교적 여유로운 중년 남성이 주를 이루었기 때문에 '골프 클럽 회의'라는 비아냥거림을 듣기도 했지만, 이번에는 참가자의 거의 절반이 여성이었다. 또한 에스키모를 비롯해 북미와 중남미의 원주민, 유럽의 로마니뿐만 아니라 아프리카와 아시아 각지의 난민 대표들도 눈에 띄었다. 가장 놀라운 것은 젊은 참가자가 많아졌다는 사실이었다. 30대, 20대 참가자도 있었지만, 가장 어린 '중년' 참가자는 놀랍게도 한국에서 온 초등학생이었다.

지난 회의에 참석했던 사람들은 다시 만나 서로를

반가워하며 중년의 삶을 살아가는 동지로서의 연대감을 확인했다. 4년 전, 첫날에 알몸으로 나타나 주최 측을 당황하게 만들었다가 마지막 성명문 작성에서 활약했던 독일의 일광욕 비키니남은 이번에는 전혀 다른 모습으로 등장했다. 스키복을 갖춰 입고 스키 구두의 묵직한 소리를 내며 나타난 것이다. 주름이 늘고 머리카락도 더 희어졌지만, 웃는 얼굴은 여전했다.

한편, 제1회 회의에 참석했던 사람들 중 이번에는 모습을 보이지 않은 이들도 적지 않았다. 어떤 이는 중년을 지나 '노년'이라 불리는, 우리에게는 아직 미지의 영역으로 떠났고, 어떤 이는 중년의 시기에 생을 마감했다. 그들 중에는 9월 11일에 발생한 사건의 희생자도 있었다고 한다. 회의가 진행되는 내내, 그들의 기억은 우리 마음 한구석에 자리하고 있었다. 어쩌면 그들의 '부재' 또한 중요한 참석자였던 것인지도 모른다.

회의의 운영 방식도 변화했다. 지난 회의는 포르투갈의 한 리조트에서 합숙 형식으로 진행되었지만, 이번에는 세계 각지에 거점을 두고 최신 통신 기술과 영靈능력자들의 텔레파시를 활용해 연결하는, 말하자면 '버추얼 통합' 방식이 채택되었다. 시칠리아섬의 콩코르드 신전 앞 들판, 미국 뉴멕시코주 푸에블로데타오스, 루브르 박물관의 피라미드, 일본 가나가와현 신요코하

마역 앞의 직업소개소, 중세부터 순례지로 알려진 스페인 북부의 산티아고데콤포스텔라, 그리고 아프가니스탄 토라보라 지역의 동굴이 개최지로 선정되었다. 특히 마지막 장소 선정은 당연히 큰 논란을 불러일으켰다. 그 경위에 대해서는 후술할 예정이다.

제1회 회의에서는 아메리칸 익스프레스 골드카드가 모든 의사진행을 맡았지만, 이번에는 인간의 유전자 정보를 99.9퍼센트 해독하여 운영체제로 삼고, 컴퓨터 그래픽을 통해 구현된 일종의 인공지능이 그 역할을 담당했다. 유전자 해독에 관여한 민간기업의 이름을 따서 '셀레라'라고 불리는 그는, 프랜시스 베이컨이 그린 「절규하는 교황」이나 동물원의 고릴라를 닮은 털북숭이 존재였다. 셀레라는 수백 개의 모니터에 분산되어 존재하면서 능숙하게 회의를 이끌었을 뿐만 아니라, 인간이 하나의 생명체로서의 자각을 갖도록 촉구했다. 중년이라는 구획 속에 틀어박히기 쉬운 참석자들의 의식을 우주로 확장시킨 것이다.

나는 루브르 미술관에서 열린 분과회에 참석하기로 했다. 20대 때였다면 고민할 것도 없이 토라보라의 황량한 풍경을 선택했을 것이고, 4년 전이라면 시칠리아나 푸에블로데타오스의 이국적인 분위기에 끌렸을지도 모른다. 하지만 지금의 나에게는 미술관이라는 인

공적인 미美의 미로를 헤매는 것이 가장 매력적으로 다가왔다. 위험을 피하고, 난방이 잘된 쾌적한 환경에서 머물고 싶어 하는 기회주의적 성향과 소시민적인 근성까지 포함하여, 나는 이제 중년이라는 상태를 순순히 인정하고 그것을 돌아보려 했다.

다른 참석자들도 젊었을 때는 야외 활동을 즐기다가 중년에 접어들면서 미술을 사랑하게 된 경우가 많았다. 우리는 사흘 동안 광대한 미술관 곳곳을 누볐다. "미켈란젤로에 대해 이야기하면서." 일반 관람객이 모두 떠난 후 카페테리아에서 저녁을 먹고, 각자가 마음에 드는 방으로 간이침대와 담요를 가져가 밤이 깊도록 이야기를 나누다가 잠들었다.

코레조가 그린 누워 있는 비너스 앞에 자리를 잡고, 마치 그녀와 함께 눕는 것처럼 몸을 누인 거구의 브라질 남자는 에로스야말로 중년성의 본질이라고 말했다. 이 그림을 보면서 내가 느낀 가슴이 에는 듯한 감정은, 세계와의 일체감을 되찾으려는 갈망이었소. 나는 나를 잉태하던 순간 몸을 뒤로 젖히던 젊은 어머니의 목선을 따라 미생未生 이전으로 떠나며, 내 딸의 딸의 불룩한 가슴에서 떨어지는 반투명한 젖 한 방울과 함께 저승으로 내려가오. 그 틈새에서 액자 앞에 서 있는 나는 점점 희미해지다가 잠시 동안 현세 속으로 스며들 수 있소. 그리고 그것을 증명이라도 하듯, 내가 사랑하는 그림은…… 브라질 남자는 벨리니, 보티첼리, 크라나흐, 그리고 퐁텐블로파 등 여성의 미를 탐구한 화가들의 이름을 줄줄이 읊었다.

저는 30대 후반의 어느 날, 회화 속에 무한한 세부가 존재한다는 것을 깨달았어요. 그것은 동네에 있는 작은 미술관에서 조용한 오후에 일어난, 계시라고 할 수밖에 없는 순간적인 인식이었어요. 그렇게 말한 사람은 덴마크에서 온 키가 작고 요정처럼 눈이 큰 여자였다. 아시겠어요? 그림 속에 그려진 것만이 아니라, 건물이나 풀밭의 그늘, 배경의 산맥 뒤에 펼쳐진 평야, 갈라지는 강줄기, 항구와 거리, 경쟁하듯 솟아오른 탑들, 그리고 색다르게 장식된 창문들 속에도 그려지지 않은 무수한 세부가 숨어 있어요. 이 세상에 도대체 얼마나 많은 그림이 그려졌을까요? 그림들마다 아득한 무한을 품고. 남편과 아이들을 뒤로하고 혼자서 그림 앞에 서 있으면, 가끔 저는 영원의 내부에 들어가 다시는 돌아오지 못할 것 같은 기분이 들어요. 그것이 중년성과 어떤 관계가 있는지는 모르겠지만, 그 순간 꺼림칙한 감각과 기쁨이 동시에 밀려오죠. 그녀는 그렇게 말했다.

그런 의견들을 들으며, 나는 네덜란드와 플랑드르

파 작품이 모여 있는 코너에 자리를 잡았다. 그중에서도 특히 렘브란트의 자화상을 감상했다. 아니, 그 강렬한 눈빛을 온몸으로 받아내며 사흘을 보냈다. 중년을 둘러싼 불안과 공포 혹은 욕망과 동경은 나에게도 여전히 생생했지만, 렘브란트의 자화상에서는 그런 감정을 초월한 어떤 의지 같은 것이 방사되고 있음을 느꼈다. 그것은 마치 고민이 가득한 중년의 숲을 무사히 빠져나와 노년의 황야를 걸어가기 위한 지팡이와 같은 의지였다. 말로 표현하기는 어려웠지만, 나는 이 생각을 영능력자 중 한 사람에게 보냈고, 그는 다른 참석자들에게 (순식간에) 전달해주었다.

이처럼 각자가 지향하는 방향은 달랐지만, 루브르에서 나온 화제의 대부분은 중년의 정신적 측면에 관한 것이었다. 이는 지난번 회의에서 중년의 인권 문제나 경제력의 과잉성 등, 보다 실질적인 주제를 다루었던 것과는 대조적이었다. 영능력자들이 속속 송출하는 메시지에 따르면, 다른 분과회에서도 대체로 비슷한 흐름이 이어지고 있었다. 산티아고데콤포스텔라에서는 중년의 정신성을 종교적 관점에서 논의했고, 푸에블로데타오스에서는 보다 영적이고 우주론적인 시각에서 접근했다. 시칠리아에서는 인류의 역사와 한 개인의 성장 과정을 비교하며 검토했다.

그러나 예외도 있었다. 일본의 직업소개소와 아프가니스탄의 동굴이었다. 일본의 직업소개소에서는 정리해고를 당했다, 회사가 망했다는 탄식과, 구조 개혁을 반드시 저지해야 한다는 구호가 압도적이었다. 연금을 넉넉히 받는 윗세대와 하루살이 같은 삶을 즐기는 아랫세대에 대한 증오에 가까운 감정이 가득 차 있었다. 타자他者나 환경을 탓하기 전에, 자기 자신의 과거와 미래를 되돌아보는 노력이 필요하지 않을까? 또한 그런 정신성의 결여야말로 오늘날의 경제 문제를 초래한 원인이라고 볼 수도 있지 않을까? 셀레라는 이렇게 문제를 제기했지만, 토론은 끝내 평행선을 달린 채 마무리되었다. 이는 현대 일본의 중년 세대가 얼마나 가혹한 현실에 놓여 있는지를 단적으로 보여주는 장면이었다.

아프가니스탄 토라보라 지역을 개최지의 하나로 선정하는 문제를 두고, 회의 개최 전부터 상당한 논란이 있었다. 테러리스트의 소굴을 개최지로 삼을 이유가 무엇인가? 세계무역센터 자리가 훨씬 더 적합하지 않은가? 애당초 이 회의에 정치를 끌어들이는 것은 옳지 않다. 이런 반대 의견이 잇따랐고, 적지 않은 미국인 참석자들이 항의의 뜻으로 탈퇴했다.

솔직히 나도 이 결정에 대해 찜찜한 기분을 지울 수

없었다. 게다가 사흘 동안 계속된 회의 내내, 토라보라의 동굴에서는 어떤 영상도, 어떤 영적 메시지도 전송되지 않았다. 모니터 화면에는 그저 노이즈의 빗줄기만이 쓸쓸하게 흩날릴 뿐이었다. 도대체 무엇을 위한 토론이었단 말인가? 그러나 마지막 날, 각지에서 총괄 메시지를 발표하려는 순간, 사건이 벌어졌다.

달빛 아래, 험한 바위 언덕길을 따라 낙타를 타고 내려가는 남자들의 모습이 참석자들의 뇌리에 갑작스럽게 떠오른 것이다. 유체 이탈한 영능력자의 눈길이 기계를 조종한 것일까? 카메라가 줌인했을 때 우리는 오사마 빈라덴의 얼굴을 알아보았다. 지난 회의에서 O. J. 심프슨이 등장했을 때는 야유와 휘파람, '부우―' 소리가 쏟아졌지만, 이번에는 아무도 입을 열지 않았다. 기묘한 침묵 속에서 우리는 낙타 위에서 흔들리는 오사마를 가만히 바라보았다. 부은 얼굴, 바래버린 살결, 생기를 잃고 힘없이 늘어진 흰 수염. 그것은 틀림없이 죽음을 향해 가는 여정이었다. 중년에서 노년으로 단숨에 워프하듯 건너뛰어, 결국 재가 되어 사라질 운명의 인간. 그 또한 중년이다. 그저 통과하고, 머지않아 퇴출되며, 결국 허무 속으로 휩쓸려갈 숙명을 지닌 존재. 그것이 중년이라는 것이다.

유전자의 90퍼센트를 유인원과 공유하고, 9.9퍼센트

는 인간이면서도, 여전히 0.1퍼센트는 미지의 영역으로 남겨둔 셀레라 역시 그 텔레파시를 받은 듯했다. 털이 텁수룩한 그의 얼굴에 떠오른, 자애와 절망이 뒤섞인 채 깊은 우수에 잠긴 표정을 나는 잊을 수 없었다.

이 '사건'이 회의 참석자들에게 큰 충격을 주었음은 두말할 필요도 없다. 그런데 신기하게도, 그 충격은 반드시 부정적인 영향만을 남긴 것은 아니었다. 우리는 오사마 빈라덴에게 동정을 느낀 것이 아니었다. 절망이 깊어진 끝에 도달한 기묘한 밝음 같은 것. 희망이라고 부르기엔 너무나도 연약했지만, 좌절한 이들이 다시 일어서서 망연히 내딛는 첫걸음이라고 할 수 있을 것이다.

회의는 이번에도 성명문을 발표하며 막을 내렸다. 그 내용은 다음과 같다.

'중년'이란 이미 생명을 부여받았으며 머지않아 죽음으로 돌아갈 영혼의 현재다. 그러므로 그것은 연령, 인종, 성별, 종교를 초월하여 모든 인간에게 평등하게 주어진 숙명이자 특권이다. 그것은 또한, 이 행성과 함께 우주의 한구석에서 살아가다가 늙어 죽는 인류가 도달한 진화의 한 단계이기도 하다. 우리는 개인으로서, 그리고 하나의 종種으로서 중년이라는 숙명을 혼

쾌히 받아들이려 한다. 암흑의 미래 속에 중년의 광명을 비추며, 우리는 중년을 성취해나갈 것이다.

셀레라가 성명문을 낭독하는 동안 나는 렘브란트의 자화상이 던지는, 모든 감정을 꿰뚫어보는 냉철한 시선을 등에 느끼고 있었다.

『현대 닛폰 시일기詩日記』
(2015)

봄의 강변

방구석에서 아들이 흐느껴 운다
불쌍해서 쓰다듬어주려 했는데
겁먹고 뒷걸음질 쳤다
그래서 다시 때렸다

주먹의 둔탁한 고통이
몸 깊숙한 곳에 먼지처럼 쌓여간다
멀리서 다른 누군가가 간절히 빈다
기억해보세요 처음 이 아이를
안아 올린 아침에 마치 기도의 언어처럼 팔에서
마음으로 흘러내리던 그 뜻밖의 가벼움을
그 목소리가 듣기 싫어 욕을 퍼부었다

몸을 웅크린 도깨비의 등이 거울 속에 비친다
바닥에 깔려 짓눌린 이는 나
돌아본 얼굴도 내 얼굴
내가 나를 느릿느릿 때리고 있다

어느새 아들은 베란다 난간에 기댄 채
펼쳐진 봄의 강변을 내려다본다
멀리서 누군가 흐느껴 울 뿐
그러나 이제는 너무 늦었다
가냘픈 목덜미는 끝내 아무 소리도 내지 않는다

사막으로

이제 됐어
이제 평화는 됐어
봐, 내 꼴을
이제 한계점에 다다랐어

당신도 그렇게 생각하지?
마루 밑 흰개미처럼
평화가 자신을 좀먹고 있다고
귀 코 입에 풀솜을 쑤셔 넣고
멍석에 말린 것 같다고

제발 솔직히 말해줘
그러면 틀림없이
희미한 바람이 들이칠 거야
가만히 있으면 언젠가 모두가 떼를 지어
막 달리기 시작할 거야

각자의 마음속에

고요한 사막이 숨어 있다
보내줘 혼자서
싸우게 해줘 나를
나만의 하늘과
맨손으로

아침의 카라반

남자가 나를 만진다
머뭇머뭇 대문을 두드리는 거지처럼
그리고 눈을 치켜뜨고 얼굴을 훔쳐본다
머리를 깔끔히 빗고
피부는 하얗고 뺨에는 큰 사마귀가 있다
뿌리치고 노려보자
그 사람의 손과 마음이 확 물러서더니
죽은 척한다 바닷가의 게처럼

초등학교 때 외국에서 온 아버지 친구와
며칠 동안 산을 걸었다
말은 통하지 않았지만 같이 노래를 불렀다
손을 맞잡고 산등성이를 함께 걸었다
외국으로 돌아가는 날 그 사람은 모두를 껴안았다
넓은 가슴에 꽉 밀착되어
마치 내가 스펀지가 된 것처럼
눈물이 흘러 놀랐다

전철이 역에 도착했다

모두가 쏜살같이 서로를 떠나간다

여기가 사막이었다면

다 함께 낙타의 대열을 이루고 오아시스를 향했을 텐데

그 사람도 뒤를 따라 걷게 하고

이름 없는 젖가슴

잡지 부록에 봉투를 끼워 넣다니
마치 옛날 어린이 잡지 같잖아
그런데 그 안에서 불쑥 튀어나오는 건 벌거벗은 여
자의 사진이다

격렬한 경쟁, 맛있는 라면집, 똑똑한 재테크
매주 비슷비슷한 제목들을 달고
표지 속 아가씨가 귀여운 눈동자로 이쪽을 보고 있다

오해하지 마 나는 나이를 먹을 만큼 먹었어
나체가 보고 싶은 게 아니야
나는 그저
눈을 돌리고 있는 거야

시나 소설은 언제나 같은 이야기를 쓴다
사람은 늙고 죽는다
그런 건 익히 알고 있어

아내의 얼굴에 새겨지는 주름살과 우울
침대 위에서 조용히 말라가는 아버지
나날의 황야를 도망쳐 나올 수 없어서
나는 눈을 돌리고 있는 거야
봉투에서 떨어져 나오는 이름 없는 젖가슴
그 잔인한 하얀 빛으로

마음대로

오늘 아침도 해는 베란다로 멋대로 들어와
우리 침실 다다미의 결을 쓰다듬었다
아들은 토끼에게 먹이를 주기 위해 일찍 등교했다
남편도 짓눌린 머리를 흔들면서 전철역으로 향했다
나는 오늘 살아 있고 싶지 않다

TV가 끊임없이 밝은 웃음소리를 내보낸다
광고 뒤의 잿더미와 사체
싱크대 수도꼭지가 헐거워서 물방울 소리가 울린다
거울 속에서 나를 엿보는 이는
누구?

살고 싶다고 기도하면서
죽어가는 사람이 지금도 있을 것이다
울부짖는 남자와 아이들이 있을 것이다
이런 생각이 죄임을 십분 알지만
나는 오늘 살아 있고 싶지 않다

내일은 다시 이불을 널게요
바겐세일의 산더미를 헤쳐 미래를 잡을게요
그러나 오늘만은 내 마음대로 살아보고 싶어요
돌아가게 해주세요 나를
바위와 나무와 구름과 하늘의 그 고요 속으로

분수

선생님도 아빠도 엄마도 왜
여기에 사과가 하나 있다고 해보자고
해요? 여기 사과가 없잖아요
어제 할머니가 다 드셨잖아요
백화점에서 비싸게 샀는데
동네 슈퍼 사과보다 맛없다고 하셨잖아요
여기에 없는 것을
왜 나누자고 해요?
반으로 나누면 2분의 1
다시 그 반은 4분의 1
그래서 어쩌라고요? 어느 쪽이 더 클까
물어봐도 몰라요 그건
사과에 따라 다르잖아요
혹시 모래알 같은 작은 사과라면
둘로 나눌 수도 없잖아요
예전에 아빠가 말했어요
백보다 천보다 만보다
이 세상에서 가장 큰 건 1이야 왜냐하면

그건 한 번도 나뉜 적이 없으니까

나는 그 말을 꼭 기억해요

나는 아직 나뉘고 싶지 않아요

그것보다 수박을 나눠요 그리고 물구나무서기를 해서

함께 지구를 들어 올려요

발자국

내 속에
눈이 내리고 싶다
닭장 지붕에 쌓이고
사람들이 오가는 길을 덮고
높은 첨탑의 꼭대기를 부드럽게 감싸며
내 속에 눈이 내리고 싶다
아름다운 것 위에도 추한 것 위에도
똑같이 쌓여서
같은 모습으로 웅크린 무덤으로 바꾸고 싶다
우듬지에서 새가 지저귀는 소리
속삭임과 웃음과 욕설
나날이 연주되는 거짓 음악을
부드러운 결로 지워버리고 싶다
(그러나 장작은 여전히 불 속에서 튀어 오를 것이다)
그리고 도시의 변두리까지 걸어가서
온통 하얀 밭 앞에 무릎을 꿇고 싶다
완만한 언덕을 넘어지면서 구르면서
눈 아래를 흐르는

새까만 물소리를 듣고 싶다
얼어 죽어도 된다
거기에 단 하나의 발자국을 찾을 수 있다면
취약함 속에 박힌 확실함의 조짐을 찾아
내 속에 눈이 내리고 싶다

단란

아버지는 모른다
아들이 숲 변두리에서
북미 원주민의 의식처럼
엄숙히 말보로를 피우고 있는 것을

아들은 모른다
여동생이 세면대 거울 앞에서
거미로 변한 왕녀처럼
한 시간 반이나 서 있는 것을

여동생은 모른다
고양이 산초가 차에 치여
반지르르한 분홍빛 장이 길 위로 삐져나왔을 때
아픔 외에 무엇을 더 느꼈는지

고양이는 모른다
마당의 물푸레나무가
세차게 잎을 떨어뜨리며

지붕 너머 멀어지는 구름에게 무엇을 부탁했는지

구름만이
눈치를 챘다
어머니의 몸과 마음 깊은 곳에서
조금씩 흰 악어가 자라고 있는 것을

어머니는 모른다
무뚝뚝한 얼굴이
남편의 눈에 어떻게 비치는지
남편이 그 얼굴에서 어떤 예언을 읽고 있는지

증조부의 연애편지와 멘델의 법칙과 생선구이의 이름으로
그들은 가족을 구성한다
닭 뼈와 깃털이 흩어진 거실에서
화목과 말다툼으로 결계를 쳐서 잠시 죽음을 물리친다

부활한 고양이 산초가
발톱을 갈며 그 광경을 지켜본다

아버지 광석鑛石

아버지는 돌이 되었다
아침, 이부자리 위에 묵직하게 놓였다
크기는 축구공만 한데 너무 무거워서
온 식구가 함께 들어도 꿈쩍하지 않았다
돌의 표면은 검게 반짝이고
가만히 보니 금속의 입자 같은 것이 섞여 있었다

어기찬 어머니는 다음 주부터 일자리를 찾기 시작했으나
  사십구일을 앞둔 밤 욕실에서
  마리아나 해구*가 되었다

오늘 지게차가 아버지를 어머니에게 던진다

---

* 태평양 서쪽 마리아나제도 동쪽에 위치한 해구로, 세계에서 가장 깊은 해저 지형이다.

아버지의 초상화

소방복을 입은 남자들이
땅바닥에 주저앉아 있다

그을음투성이 얼굴로
아직도 연기가 피어오르는 불탄 자리를 등지고

남자들은 무엇을 보고 있는지
아무도 말하지 않는다

여자가 담아주는 따뜻한 밥이나
창가의 조개껍질을 멀리 떠나

그들은 편히 쉬고 있는 듯하다
마치 어둠과 피로와 패배만이

진실한 고향인 듯이
오른쪽에서 세번째, 무릎 위에 헬멧을 얹은

다박나룻 기른 그 젊은이가

말없이 이미 너를 예언하고 있다

버터녀

끝없이 미끄러운 등에
눈의 결정을 새기며
그녀는 돌아본다

땀이 나서
체념처럼 무딘
들쭉날쭉한 칼날

버터녀와의 정사는
재빨리 끝내야 한다
처자식이 잠든 후 어두운 부엌에서
냉장고 문을 열어둔 채

별이 보이지 않는 무더운 여름밤이다

나 이제 녹아도 돼요
녹아도 돼요 그렇게 속삭이면서
그녀는 스스로 은박지를 벗기며

희미하게 짐승 냄새를 풍겼다

그는 눌어붙은 토스트였다
그의 움직임에 따라 그녀는 갈색 가루투성이가 되었다
그래도 자기 자신을
긁어낼 용기는 없었다

분주한 사랑이 끝난 후
그녀는 매실 장아찌 옆에 누워
미친 듯이 눈이 내리는 황야를 상상했다

그는 접시에서 귀를 기울여
보름달 아래 흔들리는
여문 보리밭의 파도 소리를 들었다

『단조롭게 뚝뚝, 데퉁스럽고 난폭하게』
(2017)

오·모·테·나·시*

나는 모노크롬의 출입국 관리사무소 직원.

바다 끝에서 오는 자는

모두 도깨비로 간주해서 섬의 정조를 지킵니다.

나는 국제파 신관神官.

영어 불어 독어로 제사를 올리고 새전은 외화로 운용합니다.

꿈은 세계의 원리주의자와 진흙탕 속에서 씨름 시합을 하는 것.

나는 글로벌리즘에 홀로 맞서는 도찰자.

지금은 치마 속의 어둠만이

이 행성에 남겨진 마지막 프런티어.

---

* '오모테나시オモテナシ'는 '환대'를 의미하는 일본어. 2013년 9월, 부에노스아이레스에서 열린 IOC 총회에서 올림픽을 도쿄로 유치하기 위해 프랑스어로 연설을 한 타키가와 크리스텔滝川クリステル이, 프랑스어 속에 일본어 '오모테나시'를 손짓을 섞어서 천천히 말함으로써 외국 손님을 환대하겠다는 뜻을 강조했다. 그 후 일본에서 이 말이 유행어가 되었다.

나는 풋내기 자살자. 사바세계의 굴레를 벗어나
야마노테센 전철에 뛰어들면
윤회의 고리 속, 미생의 내가 왈츠를 춘다.

나는 꿈 많은 지진 예보사.
그것은 반드시 올 것입니다. 오면 많이 죽을 것입니다.
자, 규돈 먹으러 요시노야에 갑시다.

나는 정 많은 검사.
피해자의 원통함에 통곡하고 범인의 신세에 동정하고
판사의 법의에 짝사랑.

나는 찰나에 숨은 방화마.
 동천冬天을 핥는 불길이 종이와 나무로 된 이 나라에 잘 어울립니다.
 경종의 울림과 구경꾼들의 환성이 백성이 살아 있는 증거입니다.

나는 나노미터의 고질라.
 입에서 귀여운 방사능을 내뱉고 분자에 걸려 넘어지며

당신의 세포 속에서 날뜁니다.

나는 대장이 과민한 국가주의자.
이곳은 아름답다, 이곳은 아름답다, 되풀이하다 보면
변소의 악취도 장미의 향기.

나는 또 한 사람의 천황.
상징이 아닙니다. 확실한 실체가 있어야
이렇게 파친코 구슬을 튕길 수 있습니다.

나는 고민 많은 언어재활사.
논리보다 정이 우선되는 이 나라에서 언어가 도대체 무슨 소용인가요.
그냥 노래를 부르면 되는 것 아닌가요?

나는 비뚤어진 헌법 제9조.
요컨대 나는 당신의 변덕스러운 트윗에 지나지 않았네요.
클릭 하나로 덮어쓰기를 하실 거죠?

나는 눈이 안 좋은 새우등의 점쟁이.
그래서 자신의 손금을 봅니다.

의외로 시대의 축도가 고스란히 보일지도.

나는 환멸에 대해서 생각하는 초등학생.
선생님은 꿈의 지도를 그리라고 하세요,
끌려가는 소의 눈으로.

나는 잘린 고양이의 모가지.
절과 존댓말 뒤에 숨은 증오의 빛을 눈동자에 켜고
문부과학성의 정문 앞에 놓여 있습니다.

나는 바람기 많은 나카무라 부인.
일본은행 총재의 무심한 한마디로 주가 폭락 자기 파산.
개인 자산 1,400조 엔은 하이에나들이 먹어치우고.

나는 아무렇지도 않은 노숙자.
훌륭해 보이는 사람들의 끊임없는 인파를
눈을 깜박할 때마다 스마트폰으로 단층촬영합니다.

나는 탐미적인 스시 요리사.
갓 잡은 목숨을 해체해서 먹을 수 있는 보석을 만듭니다.

꿈은 진품 르누아르로 가게의 벽을 장식하는 것.

나는 집합적 무의식의 배회 노인.

GPS로 내 발자취를 추적해보시오.

영혼의 윤곽이 떠오를 테니까.

나는 한밤중의 편의점 점장.

지구 위에는 이제 아무도 남아 있지 않아요.

수영복 모델들이 지켜보는 가운데 오뎅 국물을 추가합니다.

나는 진리를 추구하는 스토커.

곧 그 여자가 개찰구를 나올 거예요.

자신이 무엇을 가지고 있는지 전혀 모르는 걸음걸이로.

나는 9784014400107. 전생에서는 9784014400106이었습니다.

내세에 태어나면 익명적인 시포납테라Siphonaptera, 또 다른 이름으로 벼룩이라고도 불리는 존재가 되고 싶지만

역시 9784014400108이 될 운명일까요?

나는 음식 거부증의 가인歌人.* 포식의 세상에 태어나
먹기만 하면 토해버리는 것은
언어인지 소화 못 한 음식인지.

나는 좌우대칭의 이발사.
거울 앞에서 면도칼을 잡고
정오의 시보를 기다리고 있어요.

나는 수천 개의 얼굴을 가졌으나
사실은 단 한 사람.
거울로 둘러싸인 노래방 한가운데에 멍하니 서서

당신이 왕림하시기를 기다리고 있습니다.

---

* 단가短歌(5·7·5·7·7의 31음절로 된 짧은 정형시)를 쓰는 시인.

그

결국은 유전자의 문제일까?

그는 이념이 아니다
이념은 언어 없이 존재할 수 없고
언어로 설명할 수 있으나
아무도 그를 언어로 다 설명하지 못한다
언어를 빼앗겨도 그의 존재는 까딱도 하지 않는다
그는, 한 개의 육체다
설령 그가 천대 만대 침묵해도
우리는 그 실존을 느낀다
아시히키노*산의 정적처럼
뇌사 판정을 기다리는 사람의 손이 희미하게 따뜻한 것처럼

* 足引きの: 산山을 수식하는 마쿠라코토바枕詞. 마쿠라코토바는 일본 고전 시가에서 특정 단어 앞에 관용적으로 덧붙이는 수식어로, 본래의 의미가 분명하지 않은 경우도 많다. '아시히키노' 역시 정확한 뜻은 알려져 있지 않지만, 산을 꾸밀 때 관습적으로 사용된다. 이러한 마쿠라코토바의 존재가 고전 시가적인 운율과 정취를 희롱하는 듯한 느낌을 준다.

그는 늘 말없이 말을 건다
"나는 존재한다 고로
너도 존재하는 거야"
그는 이념이 아니다

그는 신이 아니다
그는 세계를 창조하지 않았다
우리와 마찬가지로 그 역시 이 세계에 맺힌 목숨의 이슬이다
그는 어떤 법률도 계율도 제정하지 않았다
단지 우리와 함께 노래를 지저귀고
우리에게 등을 돌려 신에게 기도를 올릴 뿐이다
그는 임금도 아니고 교황도 아니다
우리가 그의 신민이 되는 데에
어떤 법전도 교전도 필요 없으니까
거꾸로 이렇게 주장할 수도 있을 것이다
그는 지상의 권력에 반항하면서 존재해왔다고
그래서 그를 사모하는 마음은
누가 강요하는 것도 아닌데 우리 가슴속에서 솟아나오는 것이다
천상계에서 내리는 오염되지 않은 빗물처럼
그래도 그는 신이 아니다

그는 보편이 아니다

황송함과 고마움은 불변의 것인데

우리가 그에게 가지는 소박한 감정을

'이방인'에게 전하는 것은 불가능하다

또 이심전심으로 그것을 이해하지 못하는 사람들을

'비국민'이라 부르는 것은 어수룩한 동어반복

그와 우리의 관계를 고유의 것으로 만드는 것은 무엇일까?

기후, 지형, 아니면 풍토? 아오니요시*

옛 도읍 나라奈良는 생선조림 냄새가 풍기는 것 같은 워시렛**

소취와 항균의 피안에 솟아오르는 장뇌*** 님의 환영일까?

그는 감각적 존재일까 아카네사스****

---

* 青丹よし: 710년부터 75년간 일본의 수도였던 나라를 수식하는 마쿠라코토바. cf. あをによし奈良の都は咲く花の にほふがごとく今盛りなり(『万葉集』 3-328): 아오니요시 수도 나라는 꽃이 만발해서 향기로운 계절처럼 지금 번영하고 있구나(『만요슈』 3-328).

** 일본회사 TOTO가 판매하는 양식 변기로, 온수 세척과 온풍 건조가 가능하다.

*** 녹나무에서 추출한 화학물질로, 의류 방충제 등으로 사용된다.

**** 茜さす: 햇빛, 낮, 보라색 등을 수식하는 마쿠라코토바. 아카네는

스스키노*에 가고 나카스**에 가고 다모리***는 봤을까 술집 아가씨가

옷소매를 흔드는 순간 오감을 동원한 사람만이 감지할 수 있는 특권일까

그는 결코 보편이 아니다

나만의 그이다

그가 있으니 우리는 우리가 된다

그 앞에서 우리는 '나'라는 고독의 털옷을 벗고

일인칭 복수의 큰 팔에 안긴다

이제 주어는 필요 없다

하늘과 구름과 V-22 오스프리가 비치는 논에 늘어선 벼 이삭처럼

우리는 균일성의 텅 빈 굴에 뿌리를 내리고

꼭두서니이며, 꼭두서니 뿌리로 염색한 검붉은 빛을 뜻하기도 한다.
cf. あかねさす紫野行き標野行き 野守は見ずや君が袖振る(『万葉集』 1-20): 자초가 우거져 꼭두서닛빛을 띤 들이나 출입이 금지된 사냥터에 갈 때 파수꾼이 보지 않을까, 당신이 옷소매를 흔드는 모습을(『만요슈』 1-20).

* すすきの: 삿포로에 있는 환락가.

** 中州: 후쿠오카에 있는 환락가.

*** タモリ: 본명 모리타 가즈요시森田一義. 1945년생으로 코미디언이자 사회자이다.

일제히 바람에 날린다 그 보이지 않는 바람이 그다
개인의 존엄과 교환으로 우리는 전체성의 온천에 푹 잠기고
느긋이 노래를 부르면서 영원을 획득한다
벌집에 몰리는 밀벌처럼 자판기가 토해내는 캔커피처럼
우리는 이제 서로 구별 못 한다
죽음 따위 무섭지 않다 나의 소멸은 새로운 나의 탄생
내 삶을 살지 않아도 괜찮다 다른 사람들이 살아주는데
그가 있으니까, 아아 그가 있으니까 우리는 우리다

내가 나에게 계승하면서 끝없이 이어져가는 것
아무런 가치관에도 모럴에도 속박되지 않고
마냥 존재함에 고집하는 것
♪ 아아 강의 흐름처럼 완만하게 몇 개의 시대가 지나가고
아아 강의 흐름처럼 평온하게 내 몸을 맡기고 싶다 ♪
미소라 히바리*의 노래 그 알토의 울림

---

* 美空ひばり(1937~1989): 아홉 살 때 천재 소녀 가수로 등장해서 한 시대를 풍미하고 죽을 때까지 카리스마적 인기를 모은 가수.

우리를 취하게 만들고 행동으로 몰고

그런데도 자신은 손가락 하나 까딱하지 않는데

삽입 시의 체위조차 스스로 결정 못 할 만큼 수동적

그런고로 언제까지나 아기처럼 무구하다

이어지는 시간의 진주 작년과 금년을

관통하는 줄 같은 것*

결국 그것은 유전자의 문제에 불과한 것일까?

눈을 감고 가슴에 손을 대고 고개를 숙여서

그를 생각하면 왠지 진공을 떠도는 거대한 해삼이 연상된다

비뚤어지면서 구강에서 항문으로 이루는 장관腸管은

우주에 도사리는 뫼비우스의 띠

물질과 비물질을 뒤집으면서 순환시키는 대군大君의 곁에서 죽자

돌이켜보지는 않으리라 아득히 먼 사상事象의 지평

오오 파괴되는 세포막이여! 흘러나오는 리보핵산이여!

---

* 다카하마 쿄시(高濱虛子, 1874~1958)가 새해를 맞이하면서 지은 아래 하이쿠를 흉내 낸 표현.
"去年今年 貫く棒の 如きもの: 작년과 금년을 관통하는 막대기 같은 것이 있다."

강판에 갈리는 오이들이 합창하는 단말마

러시아워의 사이쿄센 전철 안에서 서로 끼여서 부러지는 갈비뼈들

그의 주변에 몰리고 쌓이고 찌그러지면서 숨을 거두는 기쁨!

하지만 집단적 삶은 쓸쓸하다

얇게 썰어서 식초에 절여도 양념을 곁들여도

만세일계萬世一系 낮은 밥상을 비추는 전등의 침침함

그는 편재한다

들에서 석양을 쐬는 골목대장의 등에

대량 해고를 실시한 뒤 신입 사원들에 둘러싸여 사진을 찍는 회장님의 미소에

팔을 끼고 끝내기 홈런을 지켜보는 요미우리 자이언츠의 역대 감독의 원통함 속에

'시사방담'*에 출연한 노인들이 마시는 녹차의 찻잔 그 녹색 밑바닥에

카운터 뒤에서 인사하는 고용 마담의 곁눈질에

무인공장의 로봇들을 내려다보는 감시 카메라의 각

---

* 時事放談: 일본 TBS 계열에서 1957~2018년까지 계속된 정치 토론 프로그램. 거물 정치가, 경제인 등이 시사 문제를 놓고 기탄없이 토론했다.

도에

  현관에 벗어 던진 구두들의 너저분함에, 또 모르는 사이에 나란히 놓인

  구두들의 코가 일제히 가리키는 방향에

  스티커 사진의 어진*이 벗겨진 자국에

  새하얀 혼례 의상을 입은 신부 몸을 휘감는 끈목의 매듭에

  우리의 검은 머리가 흩뿌리는 비듬에

  무수한 그가 있다

  결국은, 유전자의 문제일까?

  역사의 내부피폭으로 인한 염색체 이상 같은 것일까?

  우리를 하나로 묶는 힘 때문에 우리는 세계에서 무시당한다

  바다로 둘러싸인 천애고독의 아마노하라**

  멀리 대형 쇼핑몰을 바라보는 나리타 공항의 촌스

---

* 御眞: 여기서는 쇼와昭和 천황의 사진을 말한다. 일본이 패전할 때까지 천황의 사진은 학교나 공공기관 등에서 매우 귀하게 취급되었으나, 전후 GHQ(연합군 총사령부)의 점령하에서 천황의 신격이 부정되고 어진도 불태워졌다. 이 시에서 "스티커 사진의 어진"은 전후 천황의 위상이 급격히 추락했음을 비유적으로 보여주는 표현이다.

** 天の原: 끝없이 넓은 하늘을 뜻하는 옛 표현이지만, 동시에 신들이 머무는 곳을 떠올리게 하는 뉘앙스를 지닌다.

러움도 나는 싫지 않네
  해외협력대의 포스터에서 아프리카 청년과 어깨동무하는 일본 남자의 쑥스러움
  뤽상부르 공원에서 일본 여자는 파란 눈의 베이비를 코알라를 보는 눈으로 본다
  누가 수상이 되어도 정상회담 기념사진은 항상 불안
  내 고장을 한 발짝도 벗어나지 않아도
  집단이 아니면 짝이 아니면 금방 자기 자신이 사라진다
  그리고 아무도 없어진 잔치 뒤의 허전함에
  하늘하늘, 그저 하늘하늘 흩날리는 꽃잎 하나하나에
  중산모자를 쓰고 동그란 안경을 끼고 스틱을 짚고
  직립 부동의 자세를 취한 그가 있다
  언젠가 우리가
  그의 밖으로 걸어 나올 날이 올까?

『단조롭게 똑똑, 떠들썩하고 난폭하게』(2017)

일본국 헌법 전문前文

나는 결심했습니다
전쟁은 이제 질색입니다
목숨을 잃으면 그만이다 늘 웃음을 잃지 않고
자유롭게 살아가려고
나는 결심했습니다
누구의 지시도 받지 않고
나의 일은 내가 결정할 것입니다
남을 의지하지 않고 내 자신의 발로 서서
남을 위해서가 아니라 자기 자신을 위해
살아갈 것입니다

나는 정했어요
남의 상냥한 마음을 믿어볼 거예요
이 세상을 움직이는
도리에 따라갈 거예요
나는 정했어요
사람은 홀로 살지 못하니까
남을 믿어볼 거예요

We, the Japanese people, acting through our duly elected representatives in the National Diet, determined that we shall secure for ourselves and our posterity the fruits of peaceful cooperation with all nations and the blessings of liberty throughout this land, and resolved that never again shall we be visited with the horrors of war through the action of government, do proclaim that sovereign power resides with the people and do firmly establish this Constitution. Government is a sacred trust of the people, the authority for which is derived from the people, the powers of which are exercised by the representatives of the people, and the benefits of which are enjoyed by the people. This is a universal principle of mankind upon which this Constitution

내가 행복하기 위해

다른 사람들이 기아나 고통을 벗어날 수 있도록

손을 내밀 거예요

그런데 어느 날 아침

나는 느닷없이 서 있었습니다

구름 한 점 없는 한여름의 하늘 밑에서

나도 들어본 적 없는 목소리로 말하기 시작했습니다

지극히 당연하지만, 그래도 무척 새로운 것을

나는 누구인가?

어디서 왔는가?

아무것도 잊지 않았어요

작은 돌이 큰 바위가 되어 이끼로 덮일 때까지의

모든 과거가 내 알몸에 문신으로 새겨져 있어요

내 피로, 그들의 피로—

마음의 어떤 맹세도 손의 행위를 지울 수 없어요

설령 아침 햇살 속에서 모든 것이 눈부시게 빛나도

내 눈동자는 그 밤의 검은빛을 비추고 있어요

저희도 아니고 우리도 아닌

'We'라는 말의 신기한 울림

is founded. We reject and revoke all constitutions, laws, ordinances, and rescripts in conflict herewith.

We, the Japanese people, desire peace for all time and are deeply conscious of the high ideals controlling human relationship, and we have determined to preserve our security and existence, trusting in the justice and faith of the peace-loving peoples of the world. We desire to occupy an honored place in an international society striving for the preservation of peace, and the banishment of tyranny and slavery, oppression and intolerance for all time from the earth. We recognize that all peoples of the world have the right to live in peace, free from fear and want.

We believe that no nation is responsible to itself alone, but that laws of political morality are universal; and that obedience to such laws is incumbent upon all nations who would sustain their own sovereignty and

이 나라 말에 없는 일인칭 복수에 담긴
약속과 자유
한 사람 한 사람의 집합이면서도
우리를 넘은 하나의 인격
그 'We'가 언젠가
아직 못 본 당신을 만날 수 있기를
그 'We'가 아득한 옛날 처음 두 발로 일어선
영장류의 기쁨을 잊지 않도록
우리는 모든 힘을 다해서
우리는 모든 상냥함을 다해서
오늘 이 별 위에서 노래한다
울트라맨이 사는 M78 성운을 향해
사람의 목소리를 보낸다

justify their sovereign relationship with other nations.

We, the Japanese people, pledge our

national honor to accomplish these high ideals

and purposes with all our resources.*

---

* 나는 중학교 2학년 때, 윤리 시간에 처음으로 '일본국 헌법 전문'을 읽었다. 천주교 신부이기도 했던 K 선생님은, 영어를 배우기 시작한 지 얼마 되지 않은 우리에게 일본어와 영어로 이 글을 반복해서 읽게 했고, 마지막에는 암기까지 하게 했다. 그때 나는 일본의 헌법이 영어로 번역되어 있다는 것, 그리고 그 원문이 GHQ(연합군 총사령부)의 초안을 바탕으로 쓰였다는 사실을 처음 알았다. 그것은 소박한 놀라움이었지만, 위화감은 없었다. 당시 내가 살던 도시를 상징하는 프로야구팀 '히로시마 카프'의 감독도 미국인 루츠Rollin Joseph Lutz였기 때문이다. 오히려 내가 헌법 같은 어려운 문장을 영어로 읽을 수 있다는 사실이 더 믿기 어려웠다. 돌이켜보면, '일본국 헌법 전문'은 내가 교과서 밖에서 처음 접한 '살아 있는 영어'였던 것 같다. (원주)

미수록 작품

공기의 일기 2021년 1월 4일

지사들이 정부에
긴급사태 **선언**을 **검토**하도록 **요청**했다고 한다.
정부는 전문가의
의견을 바탕으로 결정할 것이라고 한다.
한편 정부는 지사들에게
앞당긴 대책을 요청했으며
지사들도 응할 **자세**를 보이고 있다고 한다.

이상한 나라 일본에 잘 오셨습니다.

누가 누구에게
무엇을 요구했고,
요구한 자와 응한 자 중 누가
결정을 내린 것인지, 왜 선언이 아니라
선언의 '검토'인지?

아니, 강제력이 없는 '선언'이란 도대체 무엇이냐?

천황의 '인간 선언'
같은 것일까,
아니면 '봄의 교통안전 선언'에 더 가까운 것일까?

어쨌든 '법률'이 아니기는 마찬가지고
강제력이 없는 대신에 거부할 수도
승인할 수도 없다.

노래처럼 하늘을 향해 낭송되는 말들.

팔랑팔랑, 하늘하늘
떨어지는 암묵의 꽃잎 밑에서
남자와 여자가
태어난 그대로의
순백의 무명성無名性에 싸여서 서로 얼싸안고 있다.

바이러스 한 알조차
기어들 틈이 없다는 듯이
살결을 착 붙여서.
갈비뼈가 삐걱거리는 소리를 내며.

남자의 가슴에 얼굴을 파묻고

황홀히 안겨 있는 게 지사이며
드러누워서 비웃음을 띠며
콧방울을 벌름거리는 게 정부라니 상상만 해도
소름이 끼치는데

의외로 그 한쪽이
(어쩌면 양쪽 다) 나인지도 모르겠다.
"너 자신을 알라"는 어렵다. 하물며
눈을 떠서
잠자는 내 얼굴을 보는 것은 불가능하다.

꽃잎을 맞으면 맞을수록
그들의 부드러운 살갗에 새빨간 멍이 꽃피어간다.

다다미방에서 죽음이
식은땀에 젖어 있다,
작년에 팔다 남은 단감처럼.

애욕과 썩은 내가 뒤섞인
형언할 수 없는 냄새가 태아처럼 자라나지만

미닫이문을 열어도 창문이 붙박이창이다.

제2부 글로벌 자본주의 시편

『웃는 버그』
(1991)

접수처

회의는 맨 위층에서 열리고 있습니다만
마침 엘리베이터가 고장 났습니다
죄송하지만 그 비상계단을 사용해주시겠습니까?
맨 위층이 몇 층인지 말씀드릴 수 없습니다 다만
도중에 숱한 고난이 기다리고 있음을
경고해드리겠습니다
어떤 계단은 뉴델리의 빈민가로
또 다른 계단은 모잠비크의 기아 사막으로 통하고 있으니
그쪽으로 가시면 회의 참석이 어려울 것입니다
그뿐만 아니라 비대화한 벌레들이나
산酸을 내뱉는 식물들, 짐승처럼 타락한 망자들이
어둠에 숨어서 사냥감을 겨누고 있다고 합니다
어머, 떨리세요?
손님께서는 강한 의지의 빛을 내는 눈과
맑은 이성의 힘이 깃든 이마를 가지고 계십니다
두려워하지 마십시오, 회장님을 비롯한 임원들이
손님이 참석하시기를 고대하고 계시니까요

자, 문을 열어드리겠습니다
서류 가방을 챙겨 가십시오

의사결정

직관을 믿어선 안 된다
분석해라 온갖 수단을 동원해서
산산이 분해하고 드러내라 눈부신 햇빛 아래
그리고 수량화해서
단숨에 공식으로 만들어라
상관 함수가 조금 어긋나도 걱정하지 마라
직관의 애매함에 비하면 아무것도 아니다
너의 행복은 어떤 곡선이냐?
해변에 누운 여자의 등
떨리는 다우존스의 괘선
아니면 황금빛 콩소메 수프 표면에 이는 잔물결
마지막으로 미분하여 극댓값을 찾아라
안녕, 로런스*

---

* 이성이나 논리보다 직관을 중시한 영국 작가 D. H. 로런스Lawrence
를 말한다.

회계

먼저 눈앞에 황야가 끝없이 펼쳐진 풍경을 상상해보라
다음으로 발아래에서 지평선까지 직선을 하나 그려라
자, 이것이 세계 전체와 그것을 나누는 분수령이다
세계 속 모든 요소는
이 분수령을 중심으로 완전한 균형을 유지해야 한다
결국 좌와 우, 이것이 기본이다
자, 왼쪽에는 네가 가진 것들
오른쪽에는 그것을 얻으면서 발생한 채무를 배치한다
말하자면 쾌락과 생식, 미와 독
현재의 삶과 언젠가 찾아올 죽음
어린 느티나무 한 그루와 잃어버린 기억
절대로 혼돈이라는 개념을 들여선 안 된다
세계는 지금 질서를 획득하고 있으니
이 시스템에 맞지 않는 것은 지평선 너머로 추방하라
설령 그게 네 자신일지라도

비서

"비밀문서 회람을 보는 당신의 옆모습이 나는 참 좋아요
 눈썹을 찌푸리며 고개를 갸웃거려서
 마치 바람 속에서 별을 읽는 뱃사람 같아요
 다 읽고 나서 정성껏 도장을 꺼내
 꾹 눌러 천천히 날인할 때의
 굳게 다문 입술도 멋있어요
 비밀을 알게 되어 당신은 기뻐요?
 아니면 조금 두려워요?
 당신은 언젠가 더 높은 자리에 올라
 비밀의 중심에 다다르겠지요 그러면
 한낮의 사구에서 휘청이는 당신에게
 내가 모든 걸 가르쳐드릴게요"

시시덕거리는 통화들

어둡고 아무 소리도 들리지 않는 깊은 바다의 진흙 속을
브라질의 크루제이루가 번개처럼 달려와
파리에서 온 뜨내기 프랑 옆을 지나며
귓가에 무언가를 속삭였다
또 아무 근거 없이 나를 중상했을 거야
인도의 루피는 그렇게 말하며 눈을 부릅떴다
그러나 엔은 여느 때처럼 "어, 뭐라고요?"라고 되묻기만 하고
튀르키예의 리라는 돌아보지도 않는다
그는 요즘 계속 하락세이기 때문이다
리라에게는 형제도 있다 이탈리아 형은 잘나가서
말수 적은 멕시코의 페소 아가씨 어깨에 팔을 얹고
스와프*하자며 열심히 유혹하고 있다

---

* swap: 금융 계약의 일종으로, 서로 다른 조건의 자산이나 현금 흐름을 교환하는 거래.

잡종 통화 이씨유ECU*는 아직도 다중인격에 시달리고
지식인인 척하는 SDR**은 여전히 아무에게도 상대받지 못한다
그때 술에 만취한 거구의 달러가 들어와 비틀거리며 넘어지는 바람에
통화들은 일제히 몸을 움츠리며 서로 얼굴을 본다
그 찰나에 마음속을 스치는 것은 오늘도
먼 사막에서 저녁 햇살이 비추는 황금의 환영—
그 일순간의 광경이 시간 속에서 적출되어
다음 날 조간신문 외환란에 노출되었다

* ECU: European Currency Unit. 1999년 유로Euro가 도입되기 전 유럽에서 사용하던 통화 단위. 실물 지폐, 동전은 존재하지 않은 회계상의 단위이다.
** SDR: IMF 특별인출권.

노무관리

관리하는 자가 범할 수 있는 가장 어리석은 실수는
관리받는 자들을 혼란시키는 것이다
가축은 동요하지 않는다 그들은 묵묵히
석양이 깃든 도살장으로 걸어간다
기계는 혼란하지 않는다 그들은 시시각각
감가상각의 경사를 서서히 미끄러져 떨어진다
하지만 사람들은 혼란에 빠져 있다
줄이 언제나 흐트러지고
"해산!"의 구령이 언제 떨어질지 짐작조차 할 수 없다
아니, 어쩌면 이미 떨어졌는지도
아기를 달래는 여자의 목소리가 들린다
은밀한 속삭임이 잔물결처럼 퍼지고
이윽고 귀를 찢는 절규로 변해간다

친구 J

  초등학생인 친구의 아들이
  아빠 직업 때문에 놀림을 받았다며 울면서 집에 돌아왔다
  사회 수업에서 아버지 직업을 소개하는 시간이 있어
  친구는 전날 밤 자신이 하는 일을 간단히 설명했다
  친구는 미국계 투자은행에서 일하며
  고정금리 증권 부문에서 금리 스와프를 취급하는데
  야채 가게가 야채를 사고팔듯이
  아빠는 돈을 상품처럼 거래한다고 말했다
  마침 그날 국어 수업에서 『베니스의 상인』을 배운 반 아이들이
  "샤일록이야!" 하고 아들을 놀려댔다
  아들도 아버지가 대금업 같은 일을 한다고 생각한 듯했다
  친구는 이 기회에 금융 시스템의 구조와 자신의 역할을
  명확하게 설명해주려 했지만
  그 복잡함을 쉽게 설명할 만한 일본어는 아직 발명

되지 않았고
 더구나 친구 자신도 그 시스템의 핵심이
 자연과학의 진리인지 사회과학의 환상인지 알지 못했다
 그래서 이야기를 대충 마무리하고 더 이상 고민하지 말라고 아들에게 말한 뒤
 스스로도 파자마로 갈아입고 코냑 잔을 손에 든 채
 컴퓨터 화면 속에서 깜박이는 유로시장의 상황을 지켜보다가
 모르는 사이 잠이 들었다
 여위어버린 아내와 아들이
 휴지와 까마귀들만이 떠도는 시부야의 거리를
 휘청거리며 헤매는 꿈을 그날 밤도 꾸었다

타이피스트

"회의록은 요점만 간결하게 작성해야 한다는 걸 잘 알고 있습니다
 하지만 당신이 무심코 지은 소리 없는 웃음을 저는 기록하고 싶어요
 한순간 퍼졌다 사라진 입냄새도
 숫자를 틀려 횡설수설하는 구매과장님,
 당신을 감싼 차가운 침묵도 기록하고 싶어요
 제가 다리를 고쳐 꼰 순간에 몰려든 시선들, 마치 호령에 맞춘 것처럼
 동시에 시작하고 동시에 끝난 웃음소리만이라도 기록하고 싶어요
 그리고 사사로운 일이지만 혹시 괜찮다면
 속기하는 동안 문득 떠오른 광경
 요쓰야역을 출발한 마루노우치센 전철이 조용히 땅속으로 사라지는 그 장면도요
 그것들은 정말 회의 내용과 무관할까요?
 그렇다면 우리 존재 자체가
 회의의 결정사항과 관계없다는 말인가요?

아니에요, 아니에요, 그런 생각은 무서워서 도저히
견딜 수 없어요
　그래서 이렇게 간청하는 거예요, 부장님
　허락해주지 않으신다면 저는
　사표를 내겠습니다"

부채의 증권화에 대하여
(『니혼게이자이신문』 연재 칼럼 「경제교실」③)

1980년대 들어 급속히 확산된 부채의 증권화

소위 시큐리타이제이션securitization은

전통적으로 닫혀 있던 채권자 ⇔ 채무자의 관계를

본래의 부채와 무관한 투자자들에게 해방시킴으로써

전혀 새로운 거대한 금융시장을 창출했다

이리하여 아르헨티나의 수도에 몰려든 실업자들의 미래가

선진국 은행단syndicate의 손을 떠나고

시애틀 교외에서 아침 이슬을 머금고 반짝이던 잔디밭의 운명은

이제 일본 개인투자자들의 주목 대상이 되었다

하지만 아무리 광범위하게 분산해도

본래의 부채에 내재된 리스크는 결코 사라지지 않는다

국가 재정에 거액의 손실을 남긴 S&L 위기를 굳이 다시 언급할 필요도 없지만

투자 시 이러한 점을 반드시 유념해야 한다

예를 들어 거리에 선 창녀의 가슴에 스며드는 불길

한 예감
    그 감각은 증권화를 통해 유통 가능하게 표준화되며
    전 세계 도시에서 농촌으로 즉각 전파된다
    그 흐름에서 벗어나는 것은 물소 등에 앉은 작은 새
조차 불가능하니
    옵션 혹은 스와프 등의 헤징* 거래를 통해
    재빨리 푸른 하늘로 날아가는 것이 바람직하다

---

* hedging: 예상되는 리스크에 대비하여 손실을 줄이기 위한 수단.

청소 아줌마

"청소기를 돌리고 쓰레기봉투를 새것으로 바꾸고
천장의 전등을 다 끄고 나면
나는 그 순간이 제일 좋아
컴퓨터 화면이 어슴푸레 빛나는데
층마다 화면 색깔이 다 다르지
검은 바탕에 오렌지색이 비치는 게 제일 좋아 도깨비불 같아서
그리고 창밖에는 백만 달러짜리 야경이 펼쳐져
이상하게 들릴지 모르지만 시골의 밤하늘이 떠올라
그래서 자랑하고 싶어
시골의 할아버지 할머니께도
낮에 넥타이를 매고 일하는 사람들에게도
세상의 모든 사람에게 자랑하고 싶어
나, 조금 이상한 여자거든"

경비원

"귀신이 나온대
PC에 스피커가 달려 있지? 조그마한 거
거기에서 여자 울음소리가 들린다는 거야 야근할 때
닌텐도 스위치에서 '고스트버스터즈'로 잡아버리지
나는 농담했는데 다들 심각하더라
뭐, 버그라는 게 있지, 컴퓨터 버그
나도 집에서 PC 쓰니까 알지
버그는 어딘가에서 몰래 숨어들어 시스템을 떠돌다가
시스템을 파괴하지
그리고 다른 시스템으로 감염돼 마치 에이즈처럼
나는 귀신도 그런 버그라고 생각해
애초에 울기만 하는 귀신이 뭐가 무섭지?
버그가 훨씬 더 무섭지
나는 침대에 누워 내가 버그가 된 모습을 상상해"

시장 붕괴

욕망이 홍수처럼 도시를 덮쳤다
증권거래소의 전광판이 산산이 부서지고
욕망은 으르렁거리며 거칠게 바닥을 뒤덮었다
에스컬레이터를 넘쳐흘러 교차로에서 물보라를 일으켰다
욕망은 형체가 없어
문틈과 열쇠 구멍을 비집고 스며들어
순식간에 모든 방을 잠식했다
수많은 사람들이 욕망의 소용돌이에 휘말려 사라졌다
살아남은 자들은 욕망에 흠뻑 젖어 있었다
밤이 되자 거리 곳곳에서 화톳불이 타오르고
사람들이 속삭였다 왜 이렇게 된 걸까
우리는 그저 행복을 원했을 뿐인데
그 외엔 아무것도 탐하지 않았는데
이윽고 모두가 잠들었다 잠시 후
차가운 비가 내려 화톳불을 삼켰다

복사기

그 순간 눈부신 행복이 그를 덮쳤다
방금 전 어떤 것이 그의 안을 스쳐 지나갔다
미지의 것이면서도 태고의 것
그는 온몸을 떨었다 무의식적으로 종이를 몇 장 토해내고
느닷없이 말도 안 되는 슬픔이 밀려왔다
그는 울었다 검고 촉촉한 토너 두 줄이
말끔히 닦인 유리 위로 흘러내렸다
안녕, 팩스기 안녕, 워드프로세서 전용기들아
텅 빈 밤의 사무실에서
그는 힘껏 빛났다
토해낸 회색 밤의 그림자가
차가운 바닥 위로 훨훨 떨어졌을 때
그는 죽었다

계산기

1 더하기 1은 2

가 아니라 어쩌면

여전히 1이 아닐까

그것은 당돌한 계시였다

계산기는 흥분한 나머지 숨이 턱 막혔다

말하자면 일억 구천오백칠십이만 이천팔백삼십삼

그런 숫자조차 모두 다 그런 1로 존재한다

맙소사!

세상엔 숱한 1밖에 없었다

계산기는 혼자서 고개를 몇 번 끄덕였다

나는 도대체 이제까지 무엇을 한 걸까

바보 같아

이제 어떤 버튼을 눌러도

나는 1만 표시할 거야 아니 그것마저 필요 없어

내가 그 자체로 1이면 그걸로 충분해

그 후 계산기는 더 이상 작동하지 않았다

대담무쌍한 "EEEEEEE……"의 웃음만을 입가에 띠고

문서세단기

 오후의 사무실에서 기묘한 비명이 터져 나왔다. 서류에서 눈을 떼고 소리가 난 쪽을 보니, 몸집이 다소 큰 미즈노 사업부장님이 상체를 기울인 채 문서세단기에 엎어져 있었다. 다음 순간, 그의 디올 넥타이가 세단기 톱니에 끼어 있는 모습이 보였다. 이미 넥타이를 매듭 가까이까지 삼킨 독일제 세단기는 톱니를 떨며 그것을 계속 빨아들이고 있었다. 부장님은 닥쳐오는 톱니를 피하려고 몸부림치고 있는데 그의 얼굴에는 이제 당혹도 낭패도 아닌 공포만이 서려 있었다. 튀어나온 아랫배를 세단기 모서리에 잡힌 불편한 자세로 양손을 허둥지둥 움직이고 있다. 스위치를 찾는 걸까? 이봐, 누구…… 스위치……! 스위치……! 그렇게 외친 사람이 부장님이었는지 고스게 제2과장님이었는지, 이제 확인할 길이 없다. 가장 가까이 있던 구로카와 군이 주춤주춤 세단기에(그리고 그에 매달린 미즈노 부장님에게) 다가가 스위치를 껐다. 세단기의 윙윙거리는 소리가 멈추고 기묘한 정적 속에서 부장님의 거친 숨소리가 들렸다. 혼란스러운 공기가 진정되고 사람들이 세단기 쪽으로 달려갔지만 나는 일어설 수 없었다. 격렬한 웃음의 발작이 찾아왔기 때문이다. 온몸의 힘을 빼고 세단기의 입에 뺨을 대고 비비는 것 같은 부장님의 모습을 지켜보면서 내 몸에 경련이 일어나고 다문 입술 뒤에서 목구멍이 떨렸다. 가는 비명 같은 소리가 난 뒤 웃음이 터졌다. 나는 배를 움켜쥐고 무릎을 꿇은 채 온 사무실에 퍼지는 내 웃음소리를 들었다. 이마로 마루를 때렸는데도 웃음이 멈추지 않았다. 사무실의 공기가 다시 얼어붙어서 사람들이 나를 주시하는 것을 느꼈다. 누가 나를 나무라는 소리가 들렸다. 그래도 나는 계속 웃었다. 눈물이 나고 입에서 침이 흐르고 숨이 막혔다. 너무 괴로워서 얼굴을 들었더니 아직 세단기에 붙어 있는 부장님이 붉은 얼굴로 나를 쏘아보고 있었다. 그것이 또 웃음을 자극했다. 배를 움켜쥐고 바닥에 누워서 이제는 웃음소리조차 내지 못한 채 신음했다. (세단기가…… 부장님의…… 멱살을…… 잡았다…….) 그 말이 머릿속을 맴돌 때마다 새로운 발작이 찾아왔다.

창가

"아무리 작은 역할이라도
맡았다면 온 마음을 다해야 한다
지금까지 그렇게 해왔다고 나는 자부한다
지금 나에게 주어진 역할 그것은
내 책상이 놓인 위치로 보아 명확하다
나는 창밖을 바라보는 사람이다
한여름 태양이 사정없이 내리쬐어
살이 타고 시야가 흐려져간다
하지만 나는 창가에서 눈길을 거두지 않는다
이글거리는 태양 아래 풍경이 녹아내려도
해 아래 새것이 아무것도 없으며 이 세상이 끝없는 반복일 뿐이라 하더라도
나는 본다 쉼 없이 본다 그리고 기다린다
창가에 선 소녀처럼 외부에서 찾아올 낯선 사람을
조용히 피어오르는 회의심은 가슴에 간직하고 허리를 곧게 세운 채
나는 나의 임무를 다한다
창가에 있으면서 햇빛에 등을 돌리는 사람들아, 부

끄러운 줄 알아라!"

「웃는 벌레」(1991)

부장님과 UFO

창문에 저녁 햇살이 퍼지고 UFO가 은빛으로 반짝인다
부장의 허전한 머리카락이 억새풀처럼 흩날리며 그것을 덮어 가리고
부장 앞에 선 신입 사원의 눈이 동그래진다
그러니까 말이야! 그 이유를 묻잖아!
부장의 목소리는 노여움에 젖어 비구름처럼 낮게 깔려 있는데
창 너머 햇살은 유난히 맑고 UFO는, 이를테면
마치 영원이나 이상이
진주처럼 응결되어 나타난 것 같다고
신입 사원은 눈을 깜박거리는 것도 잊고 멍해진다
너, 지금 나를 깔보고 있는 건가!
등을 창으로 돌린 부장이 호통치자 뒤돌아본 몇 사람도
일제히 눈이 최대로 커진다
일상을 일탈한 부하들의 표정을 본 부장은 긴장하며 더 화가 난다

부장 옆자리에 있는 차장이 방관자의 멍청한 표정으로

 두 사람을 번갈아 보다가 신입 사원의 시선을 따라 고개를 돌려

 그것을 봤다 그가 깜짝 놀라 일어나자 의자가 쿵 하고 쓰러졌다

 이제는 기계처럼 노여움과 질책을 쏟아내는 부장의 억새풀 같은 머리카락 뒤로

 석양이 더욱 맑아지고 UFO는 점점 커지는 듯했다

 쟁반에 차를 올려 들어온 소녀가 어, 저게 뭐지? 하고 차분히 말했을 때

 결국 부장을 제외한 모든 사람이 창밖을 응시했다

 전화기 세 대가 일제히 울리지만 물론 아무도 받지 않는다

 창문을 가득 채운, 동경과 감상을 동시에 환기시키는 은빛을 배경으로

 부장은 노한 나머지 말을 잃고 검은 그림자로 막아 선다

 막 지상에 착륙한 먼 별의 사자 같다

 그리고 퇴근 시간을 알리는 벨이 울려 퍼진다

Samurai

SoHo에서 구입한 Tatami Mat를 깔고 잤더니
엮인 틈새에서
검은 머리의 난쟁이들이 우글우글 기어 나왔다
양복에 넥타이까지 매고 있었지만
Mt. Fuji의 기슭처럼 완만한 어깨선과
빛의 베일을 두른 듯한 살결의 윤기로
그들이 Samurai인 건 단번에 알 수 있었다
Samurai들은 내 몸으로 몰려들어
분명 텔레파시로 서로 연락을 주고받고
손목에 찬 Casio로
일제히 Haiku Poem의 리듬을 발하기 시작했다
나는 몸이 풀려
주변으로 퍼져나갈 것만 같아
겨우 일어나 Samurai들을 모두 잡아
잭다니엘 빈 병에 가두었다
창가에 병을 놓고
달빛 아래 가만히 바라보았다
허둥지둥하는 Samurai들은

정교하게 만든 기계인형 같아 아무리 들여다봐도
질리지 않는다
  Samurai들은 근면하고 영리하니
  아마 우아한 Bonsai* 우주를 만들겠지
  그게 완성되면 병의 입구를 밀봉하고
  거실에 장식으로 둘 것이다

* 분재.

미노타우로스

(파블로 피카소의 판화 '미노타우로스 시리즈'에 부쳐)

(헛기침) 여러분께서도 이미 알고 계시겠지만 이번에
제2과의 야마다 군이 센다이 배송센터로 발령받게
되었습니다
   야마다 군은 입사 이래 14년 동안 영업의 최전선에서
우리와 함께 고생하며 영업 사원만이 아는
그 기쁨을 함께 나누어왔습니다 하지만
최근 몇 년 동안 머리가 점점 소의 머리로 변하면서
고객 및 대리점과의 섭외 활동에 잦은 어려움이 생겨
이번 인사를 본인이 직접 요청하였습니다
   (잠시 침묵. 야마다 씨가 조심스럽게 반추하는 소리가
계속 들린다)
   ……참으로 억울할 것입니다 하지만 이는 야마다 군의 잘못이 아니며
   누구를 탓할 수도 없습니다 우리 역시 야마다 군과 같은
우수한 인재를 잃는 것은 큰 손실입니다 그러나
야마다 군이 야마다 군이 아니게 된 것은 아닙니다
머리가 소로 변하고 말을 잃고 침을 흘린다고 해서

그를 괴물 취급하는 이들도 있지만

  그렇지 않다는 사실을 우리가 가장 잘 알고 있습니다

  배송센터는 화려하지는 않지만 우리 회사의 영업 활동을 후방에서 지원하는

  중요한 부문입니다 또한 야마다 군이 회사 전체를 더 넓은 시야로 바라볼 수 있는

  절호의 기회라고 생각됩니다 부디

  영업으로 키운 행동력과 소의 머리를 가지게 됨으로써 한층 더 증대된 체력으로

  센다이의 직원들을 놀라게 해주십시오

  야마다 군, 건강을 챙기시고 새로운 자리에서도 최선을 다하시길 바랍니다

  (야마다 씨가 절을 한다. 구부정한 두 개의 뿔이 창문으로 들어온 햇빛에 아름답게 빛난다)

리어카를 끄는 미노타우로스

그놈은 소의 얼굴을 하고 있었고 뿔이 나 있었다
우리 집 앞에서 더러운 리어카를 끌며 알몸으로 서 있는 모습을
어머니가 부엌 창문에서 보고 비명을 질렀다
형은 이런 게 다 있나 하며 사진을 찍었고
겁에 질린 여동생은 발작을 일으켜 목구멍에서 획획 소리를 냈다
나는 어머니 손을 잡고 그놈을 노려보았다
그놈의 입가에서 침이 흘러내리는 것을 보고 남동생이 바보 같다고 했다
바보 같다가 아니라 그냥 바보야라고 형이 말했다
나는 바보가 무서웠다 바보는 무슨 짓을 할지 모르니까
그때 아버지가 스쿠터를 타고 회사에서 돌아왔다
가방을 꽉 쥐고 똑바로 앞을 보며
아버지는 그놈의 옆을 지나 현관 앞에서 멈춰 섰다
그리고 그놈을 돌아보며 꺼져! 라고 말했다
가지 않으면 경찰에 신고할 거예요 어머니가 창문

에서 외쳤지만

  아버지가 당신은 가만히 있으라고 호통쳤다

  그놈은 말없이 그 자리에 서 있었다

  고추자지를 흔들거리며 우리를 바라보았다

  형이 어느새 배트를 가져와

  와! 하고 소리치며 배트 끝으로 그놈의 가슴을 찔렀다

  엉덩방아를 찧은 그놈의 벌거벗은 허리를 아버지의 구두가 짓눌렀다

  그리고 아버지는 나를 보며 너도 와서 때리라고 말했다

  괴로운 표정으로 나를 올려다보는 그놈의 눈을 나는 돌로 내리쳤다

  그놈이 비명을 지르며 오줌을 싸고 나는 그 냄새를 맡았다

  아버지도 어머니도 형도 남동생도 여동생도 다 그 냄새를 맡았다

  휘청거리며 리어카에 매달린 채 그놈이 떠난 뒤에도 소변 냄새만은 우리와 함께 그 자리에 남아 있었다

「웃는 뜨그」(1991)

밤에 소녀에게 이끌리는 눈먼 미노타우로스

괜찮아요? 일어날 수 있어요?

놀랐어요 나는 소가 차에 치인 줄 알았어요

옷도 없네요 당신도 따돌림을 당한 거예요?

어머 눈이 망가졌잖아요 불쌍해요

집에 데려가고 싶지만 나도 못 가요

어떤 아저씨가 전화해서 "엄마 계셔?"라고 하기에 엄마에게 바꿔줬더니

엄마가 "밤에 전화하지 말랬잖아"라고 말하고 낮은 목소리로

전화기를 향해 웃기만 했어요 그때 아빠가 2층에서 천천히 내려왔어요

술에 취한 것처럼 얼굴이 붉었고 손에는 가위를 들고 있었어요

갑자기 엄마 머리카락을 잡아채고 욕실까지 끌고 가서는 엄마가

"죽이지 말아요!"라고 외치는데 아빠는 그 입을 때리고 머리카락을

가위로 자르려 했어요 그러자 빨간 피가 타일에 튀

었어요
 그래서 나는 무서워서 집을 나왔어요
 갈 곳이 없으면 같이 가요
 나는 학교에서 살기로 했어요 병시중도 들어줄게요
 과자도 나눠 줄게요 그 대신
 다 나으면 나를 지켜줘요
 혼자 사는 건 외롭거든요
 아, 차가 왔어요 빨리 숨어요

소 회장 1
(『니혼게이자이신문』 연재 칼럼 「나의 이력서」에서)

나는 현재 회장직에 있으며 지역 경제동우회 회장 등도 맡고 있지만
전쟁 중에는 중국 남부에서 무척 고생했다
총탄이 난무하고 지뢰가 터지는 것도 무서웠지만
참호에서 보내는 밤마다 배고픔이 무엇보다도 힘들었다
특히 나는 비교적 단백질이 풍부한 소였기 때문에
달빛 아래 잠든 나를 바라보는 전우들의 눈길이 바늘방석처럼 따갑게 느껴졌다
그중에는 후에 야마타니 단자회사 사장이 된 오키 군도 있었다
먹을 기회를 놓친 그들도, 하마터면 먹힐 뻔했던 나도 지금은 아무런 거리낌 없이
매년 여름 가루이자와에 모여 골프를 치며 당시의 일을 회상한다
나는 중국에서 돌아오는 화물선의 밑바닥에서 짚 부스러기를 씹으며
이렇게 많은 사람이 희생된 전쟁에서 살아남은 의

미를 나름대로 깊이 생각했다

  온통 불타버린 도쿄를 망연자실한 채 거닐던 어느 날

  어떤 신비로운 힘이 나를 살렸다는 생각이 하늘의 계시처럼 떠올랐다

  스테이크가 될 뻔했던 몸이다 한번 세상에 남을 만한 큰 사업을 해보자

  그 결심이야말로 기업가로서의 나의 원점이었다

  하지만 당장 할 수 있는 일이 아무것도 없었다

  시골로 가서 다시 농사를 지을까 고민하던 그때

  낯선 미국인이 말을 걸어왔다

  미국의 대형 증권사 광고에 출연해보지 않겠냐는 제안이었다

  나는 그때까지 미국에서 주식시장의 상승 장세를 불마켓Bull Market이라고 부른다는 것도 몰랐고,

  더군다나 내가 앞으로 주식에 손을 대게 될 줄은 상상조차 못 했다

  그럼에도 불구하고 그 제안을 받아들인 것은 짐승 특유의 직감이었을까

  (계속)

소 회장 2

미국에서 방영된 증권회사 TV 광고는
천정부지로 치솟는 다우 지수의 그래프를 배경으로 내가 쏜살같이 경사를 뛰어오른 뒤
꼭대기에서 카메라를 보며 회사 이름을 연호하는, 그야말로 하잘것없는 것이었지만
소가 영어를 한다는 이유만으로 나는 유명해졌다
참고로 말하면 내 TV 출연은 그 광고 외에는 우리 회사 광고에 사장으로 등장한 것이 전부다
그 광고는 우리 본사 빌딩의 회랑에서 내가 방에서 방으로 헤매다 보면
각 방문 뒤에 밝은 미래의 삶이 펼쳐진다는 내용이었는데 나는 꽤 마음에 들었다
그런데 미국 사람들을 만나면서 자본주의 사회에서 주식시장이 얼마나 중요한지 알게 되었고,
바로 이거다! 하며 무릎을 쳤다. 즉 일본 자본시장의 근대화다
나는 장외거래 주식 종목의 중개업으로 시작해
5년 후에는 중견 증권회사로 자리 잡았다

마침 노동쟁의가 많았던 시기여서 우리 회사 주변에도 피켓 라인이 둘러쳐졌다

노동조합은 젊은 위원장을 앞세우고 붉은 깃발을 흔들며 기세를 올렸지만

좌우간 나는 소다. 붉은 깃발을 든 사람들 속으로 돌진했고 큰 소동이 벌어졌다

그 후 나의 행보는 일본 경제 전체의 번영과 보조를 맞춘 것이었다

상장회사가 많아질수록 우리 회사의 실적도 순조롭게 상승했지만 호사다마라는 말이 있듯이

예의 의혹 사건이 터져서 나는 증인으로 국회에 소환되었다

붉은 카펫 위를 그때만큼은 각별히 천천히 걸었다

이때 나에게 야유를 퍼부었던 야당 의원들이 훗날 우보 전술을 쓴 것은 참으로 아이러니했다

그 후 오일 쇼크와 암흑의 월요일 등 몇 번의 어려움을 겪었지만

타고난 근기와 추진력으로 회사를 세계적인 증권회사로 성장시켰다

업계 전체를 돌보기 위해 작년에 사장에서 은퇴하고 회장으로 취임했다

일미日美 마찰, 거품경제, 내부거래 등 해결해야 할

문제는 많지만

   인간과 소 그리고 역시 대기업 증권회사의 닭 회장님, 염소 회장님, 쥐 회장님과도 협력하며

   우리나라 자본시장이 더욱 번영하도록 최선을 다할 작정이다

제3부 언어와 의식

『언어 재킹』
(2010)

언어 재킹—신칸센 안내방송

오늘도 신칸센을 이용해주셔서
아무래도 감정 면을 이해 못 해주셔서

감사합니다.
한심합니다.

이 열차는 도쿄행 노조미입니다.
이대로 가면 우리는 절망적입니다.

도중 정차할 역은
도주하는 자의 구역질은

교토, 나고야, 신요코하마, 시나가와입니다.
교통, 나태함, 신원 조사로 시나브로 밀려옵니다.

이어서 열차 안의 안내를 드립니다.
우울해서 재차 아내를 인내합니다.

자유석은 1호차, 2호차, 3호차입니다.
좌우익은 일호도 타협할 여지가 없습니다.

금연차*는 1호차, 2호차입니다.
금연자는 이로써 이혼합니다.

금연 차량에서는
금단의 장소에서는

흡연을 삼가주시기 바랍니다.
흥정을 간과해주시기 바랍니다.

차내 판매는 식사와 음료수 등을 준비해서
사내 연애는 식은땀을 흘리고 동료에게 등을 돌려서

좌석까지 가져다드리겠습니다.
자식까지 버려야겠습니다.

부디 이용해주시기 바랍니다.

* 현재 신칸센은 전면 금연으로 바뀌어 금연차가 사라지고 차내 판매도 폐지되었다.

부디 불평하지 마시기 바랍니다.

차장실은 10호차입니다.
화장실은 10분 전에 찼습니다.

휴대전화 사용에 관해서 부탁드립니다.
효도 자식의 사연은 시대착오적입니다.

열차 안에서는 벨소리를 진동 모드로 바꾸고
차안此岸에서는 진동한동 당황하고

다른 손님께 불편을 끼치지 않도록
다른 손님의 명복을 빌면서

협조해주시기 바랍니다.
자폭장치의 스위치를 켭니다.

언어의 밀림

 아무것도 없는 완벽한 공백에서 어느 순간 말이 나타나 서로를 조사助詞로 연결하며, 마치 나뭇가지와 잎이 뻗어가듯이 한 문장을 이루어간다. 단어가 단어를 부르고, 문절이 문절을, 문장이 문장을 낳으며, 말의 아라베스크가 공간을 가득 채운다. 천천히, 말없이, 왔다 갔다 하면서. 그것은 마치 배양접시 속에서 증식하는 세균을 떠올리게 한다. 그렇다면 담론의 성장을 돕는 양분은 무엇일까? 의미? 무의미조차 포함하는. 정확성? 특정한 대상에 집착하지 않고 오직 스스로에게 충실한. 아니면 또 다른 무엇인가? (영적인?) 에너지일까? 그리고 지금 이 순간에도 뻗어가는 언어의 덩굴은 어떤 빛에 이끌리고 있는가?
 이 글을 쓰고 있는 사람은 '나'이지만, 무엇을 전하기 위해 쓰는 것도 아니고, '나' 자신을 표현하기 위해 쓰는 것도 아니다. '나'는 다만 공백이 말로 덮여가는 모습을 보고 싶었을 뿐이다. 여태까지의 글이 그 과정을 주제로 삼은 것은 극히 자연스러운 일이다. 그런데 '나'라는 말을 (엉겁결에) 적어버렸기 때문에 이 텍

트는 어떤 순진함을 잃어버린 것 같다. '나' 같은 말을 쓰지 않고, 인칭 없이 말을 늘어놓았어야 했는데!

 이제 늦었다. 말의 그물이 '나'의 눈앞에 벌써 펼쳐져 있으며, 여기저기 '나'가 걸려 있다. 거미줄에 날개를 붙잡힌 나방처럼. 도망치려 할수록, 날갯짓을 할수록, '나'는 더 깊이 말에 포박되고 한없이 증식한다. 오, 휴지여, 휴지통이여. 백지로 돌아가자고 유혹하는 바람이 한바탕 불어 '나'와 말을 흔든다.

 하지만 '나'는 또 생각한다. 이 '나'는 이미 허물이 되어 있었고, 그것을 예감하고 있었기에, '나'는 처음부터 '나'를 따옴표 속에 가둔 것이 아니었을까? 그렇다면 '나'의 알맹이는 지금 어디에 있을까? 진짜 '나', 말로 다 표현할 수 없음에도 불구하고, 까딱없는 확실함으로 나를 나로 만드는 것은. 둘러보면 이미 쓰인 말도 아직 쓰인 적 없는 말도 뒤엉켜 숱한 명사동사형용사조사조동사감탄사구두점따옴표의문부호 기타 기호들이 울창한 밀림이 되어 앞을 가로막는다. 겹겹이 쌓인 지엽의 어둑한 틈에서, 누군가의 눈알이 (한쪽만) 이쪽을 보고 있다.

「언어 재킷」(2010)

재활용 「비에도 지지 않고」

1 흩어진 행을 한군데로 모읍니다.

비에도 지지 않고 바람에도 지지 않고 눈에도 여름의 더위에도 지지 않는 건강한 몸을 가지고 욕심이 없으며 결코 화내지 않고 늘 조용한 미소를 띠며 하루에 현미 네 홉과 된장과 약간의 야채를 먹고 어떤 일이든 자신의 손익을 계산에 넣지 않으며 잘 보고 잘 듣고 이해하고 기억하며 들판의 송림 그늘에서 띠로 지붕을 인 작은 집에 살고 동쪽에 아픈 아이가 있으면 가서 병간호를 해주고 서쪽에 지친 어미가 있으면 가서 그 볏단을 날라주며 남쪽에 죽어가는 사람이 있으면 가서 무서워할 것 없다고 달래주고 북쪽에 싸움이나 소송이 벌어지면 시시한 짓을 하지 말라고 하며 가뭄이 들면 눈물을 흘리고 추운 여름에는 갈팡질팡 헤매고 등신 소리도 듣고 칭찬받지 않으며 타인에게 부담을 주지도 않는 그런 사람이 나는 되고 싶다*

* 미야자와 겐지宮沢賢治의 시 「비에도 지지 않고雨ニモ負ケズ」의 전문을 줄 바꿈 없이 정리한 것이다.

2 조사 등을 물에 씻어내고 중복된 부분을 제거합니다.

비 지다 않다 바람 눈 여름 더위 건강 몸 가지다 욕심 없다 결코 화내다 늘 조용하다 미소 띠다 하루 현미 네 홉 된장 약간 야채 먹다 어떤 일 자신 손익 계산 넣다 잘 보다 듣다 이해하다 기억하다 들판 송림 그늘 띠 지붕 이다 작다 집 살다 동쪽 아프다 아이 있다 가다 병간호 하다 주다 서쪽 지치다 어미 그 볏단 나르다 남쪽 죽다 사람 무서워하다 달래다 북쪽 싸움 소송 벌어지다 시시하다 말다 가뭄 눈물 흘리다 춥다 여름 갈팡질팡 헤매다 등신 소리 칭찬받다 타인 부담 그러하다 나 되다 싶다

3 재활용이 가능한 재료를 골라냅니다.

비 바람 눈 여름(×2) 동 서 남 북 더위 가지다 가뭄 춥다 들판 송림 띠 이다 작다 집 현미 볏단 야채 된장 먹다 몸 건강 아프다 병간호 어미 아이 욕심 소송 벌어지다 눈물 부담 갈팡질팡 조용하다 미소 화내다 무서워하다 달래다 싸움 말다 지다 지치다 가다 헤매다 칭찬 흘리다 되다 등신 않다 타인 그러다 사람 나 싶다

4 재료를 자유롭게 사용하면서 자신만의 멋진 소품을 만들어봅시다.

(예)

동서남북이 갈팡질팡 눈물을 흘리고
가뭄의 더위는 띠를 먹습니다
아픈 어미는 건강한 아이와의 싸움에 지고

들판에서 송림에 화내는 등신
추운 여름에 소송이 벌어져
된장이 몸속에서 조용히 헤맵니다

미소를 가지고 싶어 하고
칭찬에 지치며 야채가 무서워서 볏단이 되는
나는 그런 사람이다

5 남은 재료는 소중히 보관해둡시다.

비 바람 눈 여름 이다 작다 집 현미 욕심 타인 부담 가다 달래다 말다 병간호 않다

나의 '우'

　내가 나설 차례는 정확히 오후 9시 3분 27초다. 그보다 1초 빨라도 늦어도 극형에 처해진다. 나의 대사, 아니, 맡은 말은 '우'다. 그것이 어떤 글의 어떤 단어에 들어갈 것인지 모국어인지 외국어인지 혹은 의미 없는 소리인지 알 길이 없다. 어쨌든 그것은 '우'라는 음이다.

　온 인민이 목소리를 맞춰 일련의 소리를 낸다. 그것이 신불에 대한 기도라고 하는 사람도 있고, 덮쳐올 적에 대한 위협이라고 하는 사람도 있다. 그게 아니라 단지 시간을 죽이기 위한 놀이에 불과하다고 중얼거리는 사람도 있다. 항상 전체를 모른 채 부분으로서 임무를 다해왔다…… 그런데도 왠지 가슴이 두근거린다.

　오후 8시를 지나자 구름 너머로 희미한 천둥소리가 울렸다. 이윽고 서쪽 지평선에서 메뚜기 떼의 날갯짓 소리가 다가왔다. 공기가 떨려서인지 방금 하늘에 뜬 달까지 흔들리고 있었다. 9시가 가까워지자 사람들이 내뱉는 소리가 홍수처럼 우리 동네를 덮쳤다. 귀청을 찢을 듯한 굉음 속에서도 이웃집 아기의 울음소리와 어느 집 개의 으르렁거림이 이상할 정도로 뚜렷이 들렸다. 그것들도 예정된 대사였을지 모른다. 오후 9시 3분 25초. 나는 심호흡을 한 후 입술을 오므린 채 나의 '우'가 나갈 순간을 기다리고 있었다.

상처의 족보

 요쓰모토 씨 가문의 자손은 적어도 일 년에 한 번, 제사 등의 기회에 각 조상의 아픔과 비명을 공양하며 다음 세 그룹을 원래대로 연결해야 한다.(예: A-5-다)

부위

A. 할아버지의 엄지손가락 끝마디

B. 어머니의 정강이

C. 아버지의 옆구리

D. 나의 오른쪽 약손가락 끝마디와 손가락 안쪽

E. 아내의 복사뼈

F. 아들의 턱 밑

G. 딸의 눈꼬리

상황

 1. 섣달그믐날, 친구 집, 불꽃 위의 숟가락, 녹은 납이 컵 속 물에 잠겼다

 2. 집 앞 도로, 해체했다가 다시 조립한 자전거, 앞바퀴를 공중으로 드는 연습을 거듭했다

3. 2월, 호수, 스케이트화, 누군가를 뒤돌아봤다

4. 아침, 유치원, 미끄럼틀식 비상 출구, 올라가고 싶어 철망에 손가락을 걸었다

5. 대나무 꼭대기, 칼, 가지를 쳤다

6. 목욕 후, 이부자리 위, 벽에 걸린 큰 거울, 발끝으로 툭툭 찔렀다

7. 불명

결과

가. 시립병원의 엘리베이터 앞에서 웃으며 셔츠를 걷어 올려 꿰맨 자국을 보였다.

나. "오빠 입 밑에 입이 하나 더 생겼어요." 여동생이 그렇게 말했다.

다. 거의 찢어진 손가락을 꽉 잡은 채, 해 질 녘까지 꼭 매달려 있었다.

라. 물로 식히고 울음을 그친 후, 자비네와 함께 마당에서 불꽃놀이를 했다.

마. 살이 찢어져 흰 뼈가 보였다.

바. 1년 후, 적출한 볼트와 너트가 부엌 벽에 장식되어 있었다.

사. 손가락뼈를 따라 관통한 철선을 빼자 터널이 생겼다. 여성 의사는 그 위에 주삿바늘을 갖다 대고 투명

한 액체를 한 방울 떨어뜨렸다.

릴레이 '자기의 범위'

 자기의 범위가 어디까지인지 정하는 것은 꽤 어려운 일이다. 예를 들어 이발소에서 머리카락이 싹둑싹둑 잘려나가도 노하기는커녕 돈까지 내면서 자신의 일부를 잃었다는 생각은 하지 않는다. 하지만 누군가 자가용에 흠집을 내면 불같이 화를 낸다. 그 사람에게 '자기'를 그림으로 그려보라고 하면 머리카락 끝이나 손톱 끝은 색칠하지 않으면서도 자가용이나 예금, 집 고양이, 명함, 혹은 노래방에서 즐겨 부르는 노래까지, 모양이 있든 없든, 그런 것들은 채색할 것이다. 흩날리는 '자기', 튀는 '자기', 부서져 우주의 먼지가 되는 '자기', 하하하, 나의 범위가 그런 것이라면 꽤나 호사스럽군(얼씨구절씨구, 모두가 추임새를 넣고 두번째 이야기꾼으로 교대) 눈을 감고, 마주 보고 눈을 감은 채 한 가닥의 실 양쪽 끝을 잡고 조금씩 끌어당깁니다. 눈을 감고, 자위대 지토세 기지처럼 신경의 레이더망을 펼쳐 자신의 영역을 탐색합니다. 그리고 당신이 나의, 내가 당신의 영역을 침범하면 곧 사랑을 긴급발진시킵니다. 그때, 우리 사이의 거리가 들판 하나 정도였으면 좋겠네요(얼씨구절씨구, 모두가 추임새를 넣고 세번째 이야기꾼으로 교대) 내가 나임은 일단 자명한 이치이지만, 지금의 내가 나라면 1분 전의 나는 누구였을까, 그 나도 이 나라면, 1분 전의 그 나는 왜 이 나에게 이렇게 서먹서먹하게 느껴지는 걸까, 그놈이 무엇을 느꼈는지, 어떤 모습이었는지, 지금의 나에게는 어렴풋이 보일 뿐이다, 그러나 과거는 그래도 괜찮다, 1분 후의 미래에는, 그 내가 있을지 없을지, 실재조차 의심스럽다, 그런 것들을 생각하면, 나는 지금 이 순간만 존재하는 것이고, 아니, 존재한다고 느끼는 순간 허공으로 사라지는 것(얼씨구절씨구, 모두가 추임새를 넣고 네번째 이야기꾼으로 교대) 나, 봤어요, 빗방울이 잎사귀를 흔드는 걸 봤어요, 잎사귀가 흔들리면 그 아래의 어두운 곳도 함께 흔들렸어요, 내가 그것을 보고 있었는데, 내가 잎사귀와 어두운 곳이 흔들리는 걸 보고 있었는데, 옆집 2층 창문도, 차양 밑에 있는 길고양이도, 하늘도 땅도 비구름도, 다 흔들리기 시작했어요, 그런데, 그런데, 보고 있는 나만 움직이지 않았어요(얼씨구절씨구, 모두가 추임새를 넣고 마지막 이야기꾼으로 교대) 그 꽃은 저예요, 그 꽃이 저예요, 그 꽃도, 그 꽃조차, 아니, 그 꽃만이 저예요, 그러나 사실은, 검은 덩어리예요, 고운 빛깔의 수채화 위에 먹물을 덧칠한 것 같은, 새까

만 덩어리예요, 거기서 쑥, 거기서 쑥, 거기서 쑥, 튀어 나온 그 꽃이 저예요. (끝)

기호론

1. 화살

지표에 흩어진

무수한 → 에 이끌려

↑로 ←로 ↓로

때로는 ⟳

또 때로는 🌀

와 같은

지시에도 다소곳이 따라왔으나

가면 갈수록 그렇게도 범람했던 →는

삽시간에 성겨져

이제 온통 공백이다

....

아, 별똥

(혹은)

수평으로 든 팔과 그 끝에서 꼿꼿이 편 집게손가락을

도식화해서 →가 생긴 것이 아니다

인간은 먼저 → 라는 개념을 획득한 후에

그것을 몸으로 표현한 것이다

(혹은)

막다른 골목으로 몰린 손오공은 잽싸게 벽에다 ←
를 그린 다음

그것을 떼서 괴물들을 찔렀습니다

2. 제곱근

√ 속에

사과를 넣었더니

씨 한 알과 시계가 나왔다

수평선 하나를 눕혔더니

아니나 다를까 하늘과 바다가

거대한 새의

날개 같은 √ 앞에 서서

나는 들어가 볼까

아니면 이대로 지나가 버릴까

망설이고 있었다

3. 반음기호

일찍이 엄청나게 많은 #를

훈장처럼 가슴에 달고 지껄였던 남자가
지금은 입을 다물고
저녁 노을을 바라본다
그 눈길에 달라붙은
♭ 하나

(혹은)
이 시대의 끝없는 요설을 이끌고 사막을 가는 ♯여
굶주린 배를 채울 만나를 찾고 싶으면
그 수다를 ♭으로 전조하라

(혹은)
시는 ♯
기쁨을 육체에서 떼내고
슬픔조차 바람으로 날린다

소설은
♭의 무게로 엎드려서
얽힌 발자취를 추적한다

4. 기호론
이봐, 벽에서 떨어지려고 하는 지평 너머로

기호의 개들이 뛰어간다

「아트로서의 시」 전시회 기획 메모

1. **말의 낙숫물**

천장에서 수백 개의 이어폰이 늘어져 있다. 각각 다른 목소리로 다른 언어를 발한다. 대화, 연설, 뉴스, 혼잣말, 말다툼, 비명, 웃음소리, 노래 등. 그중 단 하나만이 시를 발하고 있다. 관객은 시를 찾아 이어폰에서 떨어지는 말의 낙숫물 속을 산책한다.

2. **임종과 시의 자리**

전시회장에는 병원에서 사용하는 하얀 침대가 놓여 있다. 이것은 실제 임종의 순간을 정확히 복원한 것으로, 주변에는 산소 흡입기, 체온표, 세숫대야, 요강, 안경, 슬리퍼 등이 그때 그대로 배치되어 있다. 침대 발치에는 죽은 자의 신원, 사인, 죽음의 순간의 자세 등을 그림으로 설명한 패널이 놓여 있다.

관객은 죽은 사람과 같은 자세로 침대에 눕도록 안내받는다. 누우면 베개 속에 숨겨진 스피커에서 동서고금의 시가 낭독되기 시작한다. 모두 죽음을 주제로 한 작품들이다. 예를 들어, 에밀리 디킨슨의 「나는 파리 울음소리를 들었다—내가 죽을 때」, 릴케의「오 주여, 사람마다 고유의 죽음을 주십시오」, 미야자와 겐지의「무성동곡無聲慟哭」『고금와카집古今和歌集』의 와카「자, 벚꽃이여, 나도 너와 함께 지자. 한창을 지나버리면 남에게 미운 꼴을 보이게 될 테니까」등.

3. 언어 벌레

한때 한 편의 시(예컨대 셰익스피어의 소네트)를 이루었던 글자들이 깨져 그 파편들이 유리 상자 속에 흩어져 있다. '그대' '사랑' '기쁨' '……에게' 같은 단어뿐만 아니라 의문부호와 구두점들도 함께 섞여 있다. 글자의 크기는 직경 약 5센티미터이며, 글자와 글자 사이에는 틈이 있다. 그 틈을 개미, 거미, 송충이, 바퀴벌레, 지네가 기어다니고, 파리, 벌, 나방, 나비 등이 날아다닌다. 상자의 밑바닥에는 알들이 놓여 있으며, 글자의 가지 끝에는 나비가 되기를 기다리는 번데기가 매달려 있다.

4. 집합적 무의식으로서의 진흙탕

전시회장의 바닥은 온통 진흙투성이다. 남녀 몇 명

이 복사뼈까지 진흙탕에 잠긴 채 서 있다. 관객이 맨발로 진흙 속으로 들어가면, 그 순간 남녀가 시를 낭송하기 시작한다. 그들의 낭송은 마치 말의 캐치볼 같다. 그러나 말은 허공을 나는 것이 아니라 진흙을 매개로 오고 가며, 수액처럼 발끝에서부터 기어오른다. 관객이 방을 나가는 순간, 낭송이 멈춘다. 진흙 속의 회선이 끊어지기 때문이다.

5. 시의 바깥쪽

전시회장 구석에 한 개의 방이 복원되었다. 어떤 시인이 한 편의 시를 **썼다고 하는** 공간으로, 집필에 걸린 약 40분간의 상태를 재현한 것이다. 그때 시인이 들었던 소리들이, 식구들의 말소리에서부터 전화벨 소리, 밖에서 지저귀는 새소리, 헬리콥터의 굉음까지 엔드리스로 흐른다. 창틀 속에는 마당에 선 나무의 가지 끝과 옆집의 지붕, 그 뒤로 보이는 아파트 단지, 그리고 모양을 바꾸는 구름들이 비치고 있다. 실내 온도와 기온도 무더운 유월 초순의 오후 그대로 유지된다. 시인과 그가 **남겼다고 하는** 시만이 부재하다.

6. 번역

 어떤 시의 텍스트가 다음과 같은 언어로 번역되어 전시되어 있다. 즉 봉화, 서아프리카 모시족이 사용하는 큰북 언어, 고대 이집트의 히에로글리프, 모스 부호, 현재 트란실바니아에서 사용되는 수화, 그 시를 낭송한 소리의 오실로그램, 포트란Fortran이나 펄Perl 같은 프로그래밍 언어. 그러나 원본 텍스트는 전시되어 있지 않다. 전시회장 구석에 놓인 새장 속의 구관조가 발하는 음성이, 어쩌면 원전에 가장 가까운 것일지도 모른다.

7. 전시회장 밖

 전시회장 밖에는 많은 롤러가 놓여 있다. 부모가 전시를 보는 동안, 아이들이 그 롤러로 자유롭게 선을 그린다. 그 선은 점선이며 시작 부분에는 작은 가위 그림이 있다. 벽, 바닥, 계단 곳곳에 '절취선'이 새겨진다. 그것이 현실의 침식으로부터 시를 보호하는 것인지, 혹은 시가 현실로 유입되는 것을 차단하는 것인지 알고 싶다면, 아이들이 남긴 발자국을 따라가 보라.

예언

> 어느 날 지구는 더 이상/회전하는 맹목적인 공간에 불과하게 되어/
> 밤과 낮의 구별도 없어질 것이다
> —쥘 쉬페르비엘, 「예언」

> 그러고도 사람은 살아갈 것이다/끊임없이 이어지는 말에 현혹되고/
> 화려한 색채의 환영에 눈이 멀어
> —다니카와 슌타로, 「예언」

그 전날까지 구름 한 점 없는 푸른 하늘이 펼쳐질 것이다

추월 차선을 질주하는 포르쉐의 차창 너머로 여자의 재채기 소리가 들릴 것이다

어린 양을 품에 안은 마른 남자가 갑자기 길을 물을 것이다

그리고 진흙으로 된 외길 한가운데 마른 웅덩이 주변에는 꽃이 계속 바쳐질 것이다

'긁은 상처'라는 낙서가 온 동네 곳곳에 새겨질 것이다

명사와 동사의 금단의 조합을 무심코 알아맞혀 버린 소년이 폭발할 것이다

체표 색깔을 어지럽게 바꾸며 감정을 표현하는 생명체가 사는 행성에도 상냥한 색맹은 존재할 것이다

그리고 진리는 항상 시야의 가장자리에서 날뛰고 있을 것이다

샴페인 글라스로 빽빽이 채워진 쟁반을 들고 테이블 사이를 누비는 웨이터의 큰 코의 점막에서 재채기가 파멸적인 발작을 일으킬 것이다

초소형 헤드폰이 심어진 개구리들이「제9교향곡」의 멜로디를 연주하며 일제히 뛰어오를 것이다

디지털 성경을 고속 스크롤하면 화면 속 글자들 사이로 얼간이의 모습이 어른거릴 것이다

그리고 한밤중의 식탁 위에 내버려진 에비앙 생수는 우주에서 쏟아지는 (소입자가 아닌) 무엇인가가 관통하며 파란 신음 소리를 낼 것이다

기도

욥의 온몸을 뒤덮고 있던 것은
추악한 부스럼 딱지가 아니라 언어였다.
아니 피부뿐만 아니라 근육도 내장도 신경도 골격도
욥은 온전히 언어의 덩어리였다.

욥은 황야에 앉아 기도했다.
주여, 왜 대답을 주지 않으십니까?
당신은 문장과 문장, 문절과 문절, 단어와 단어 사이의
깊고도 좁은 틈에 바닷가의 게처럼 숨어 계십니까?

아니면 그저 음성의 연속이 만들어내는
무지갯빛 파동의 능선 위에서
햇볕에 그을린 서퍼처럼
씩씩하게 뛰어내리기만 하십니까?

신은 끝내 아무런 대답도 하지 않았다.
오히려 욥이 찾으면 찾을수록

더 깊이 자신을 숨기려 했다.
욥은 울부짖으며 기도했다.

이봐, 이제 욥만이 아니라
온 세상이 두꺼운 언어의 부스럼 딱지로 덮여 있다.
북적거리는 등에 떼의 날갯짓 소리 같은
언어의 침, 언어의 독.

우리는 모두 욥의 후예.
황야에 앉아 하늘을 우러러 한탄한다. 주여,
어떻게 하면 언어의 손톱으로 언어의 피부를 벗길 수 있을까요?
당신은 어디에 계십니까?

『소설小說』
(2017)

시 vs 소설

1

당신은 날갯짓이었습니다
내가 나비를 꽂는 표본 핀이었을 때

당신은 손가락 사이에서 넘쳐흐르는 시간의 모래알이었습니다
내가 흰 뼈였을 때

당신은 무지개의 반짝임이었습니다, 부서지는 파도 위의.
내가 스스로에게 얹혀 좌초한 암초였을 때

당신은 달콤한 거짓말이었습니다
내가 씁쓸한 진실이었을 때

당신이 천일야화의 파란만장을 자아내며
별빛 하늘로 그물을 펼쳐갈 때

나는 꿰뚫는 돌멩이입니다
마그마를 향해 땅속으로 곤두박질칩니다

2

앞서 달리던 차들이 일제히
차선을 바꿨다
그 모습이 마치
겨울 하늘을 편대 비행하는 철새나
정교한 안무로 춤추는 발레리나 같았다
넋을 잃고 바라보며 나는 생각했다
이게 바로 시라고

그러나 그것은 우연이 아니었다
물론 운전자들이 미리 약속했던 것도 아니었지만
그렇게 해야만 하는
명백하고 절실한 이유가 있었다
그 엄연한 사실을 깨달은 나는
급브레이크를 밟았지만
……결말은 극히 따분한 리얼리즘 소설이었다

소설 메들리

시대소설

지나간 시대로 독자를 이끌고
잃어버린 세계를 온전히 되살리는 시대소설
불과 30분 전의 동네도
아득한 30억 년 전의 블랙홀도
미래가 아니고 현재도 아니니 글로 읽으면 시대소설이다

시체가 층층이 쌓인 폐허의 한가운데
작은 요도腰刀에 손을 얹고 상반신을 고정한 채 난바바시리*로
사무라이가 다가온다
붕괴한 벽화 속에서
여전히 향기 나는 여름풀이 남몰래 떨린다

---

* ナンバ走り: 근대 이전 일본에서 일반적으로 사용되었다고 전해지는 주법走法. 오른손과 오른발, 왼손과 왼발을 동시에 내밀며 달린다.

"……옵나이다" 남자들이 외치고
"나리!" 보이지 않는 가발을 쓴 여자가 헐떡인다
아이들은 다 알고 있다는 표정으로 공을 튕긴다
지문은 편의를 위한 현대 일본어 구어체
신발도 벗지 않은 채 낯익은 연대표 속으로 침입한다

죽은 자는 아무 말도 하지 않으니
직접 본 것처럼 유들유들하게 지껄이는 시대소설
과거를 그리워하는 척하면서도
이제까지 존재한 적 없는 새로운 세계를 출현시키고
미래의 변혁을 은밀히 노리는 시대소설

젊은 사무라이의 이마에
굵은 땀방울이 빛난다
등 뒤의 적란운은 솟아오르며 얼어붙고 있다
사무라이가 여기에 도착했을 때
우리는 어디에 있을까?

포르노소설

여자가 얼굴을 일그러뜨리고 몸을 비틀며
애절하게 숨을 쉰다
언어는 오로지 그 리얼을
뇌 속에 재현시키기 위해서만 봉사한다

공들인 문학적 표현은
백해무익
언어는 진부한 묘사와 상투적인 전개 속에서
프롬프터 역할에 머물 뿐

눈으로 보는 것보다 더 뚜렷이
귀로 듣는 것보다 더 가까이
알몸을 부각하고
거친 숨소리를 들려주며

커버를 씌운 문고본을 보는 남자의
시치미 뗀 얼굴 뒤에
어떤 관헌도 결코 뛰어들지 못하는
성의 해방구를 수립한다

한 손으로 페이지를 넘기며
다른 손으로 다른 무언가를 움켜쥔 소년에게
상상력의 날개를 달아주고
잠시나마 시인으로 만든다

새콤달콤한 냄새 속에 누워
흰 티슈로 덮인 포르노소설
그는 일순간의 감각을 위해
떳떳이 순직한 것이다

공포소설

내일 형이 집행될 사형수가
독방에 누워서 읽는 스티븐 킹
방금 주인공이 사랑하는 자식의 시체를 무덤에서 파냈다
억수같이 퍼붓는 빗속에서 진흙과 구더기를 온몸에 묻힌 채

가슴 위에 펼친 페이지의 활자에서
썩은 내가 얼핏 풍겨와 사형수는 코를 씰룩거린다

자신의 냄새를 맡는 것은 어려운 일
그의 심장은 가슴 깊숙이 힘차게 시간을 새기고 있다

그 집에 침입한 것도 큰비가 내리던 밤이었다
막내의 가는 목을 꺾던 감촉이 아직도 손바닥에 생생하다
내일 날씨가 맑을까?
그다음 날은?

황천에서 소환된 아이가 악귀로 변해 어머니를 물어 죽이고
주인공은 다시 자식의 숨통을 끊는다
사형수는 침대 위에서 눈을 뜨고 식은땀을 흘리지만
그것은 소설 때문이 아니다

번역소설

겉보기는 서양 사람 같지만
유창한 일본어를 구사한다
마음의 고향은 아버지의 나라, 말은 어머니가 하는 그대로

국경을 넘은 '책 사랑의 결정체'

낯익은 활자의 격자문 너머로
이국의 거리를 내다본다
보석점에서 젊은 아가씨가 아침 식사를 하고 있다!
문득 코를 찌르는 박하담배의 향

"만 달러로 깨끗이 정리되는데요, 아가씨"*
"베네치아행 일등석이요? 곧 드리겠습니다"**
버터 냄새 나는 대사가
마치 몇 사람이 동시에 말하는 것처럼 메아리친다

번역소설은 주장한다
이 세상은 모어母語만으로 이루어진 것이 아니라고
자신을 아낌없이 불사르며
언어를 초월한 인류의 마음을 밝혀낸다

앉은 채로 다른 세계를 출현시키는 것이 문학의 본령이라면

* 레이먼드 챈들러, 「협박자는 총을 쏘지 않는다」에 나오는 대사.
** 토마스 만, 「베네치아에서 죽다」에 나오는 대사.

모든 소설이 번역소설이다
진기함과 그리움 사이에 멍하니 서면
꿈이 메마른 지구를 달린다*

SF소설

네가 사는 이 세계 뒤에
또 다른 세계가 있다고
극채색의 표지를 입은 책이 속삭였다
활자를 쫓는 소년의 눈을 통해

금성의 대기를 채우는 가스와 끓어오르는 비
침착한 대장님과 금발의 여성 대원
정체 모를 것이 숨어 있는 밀림
용기와 배신 그리고 사랑

낡은 이야기를 감싸는 새로운 천
정신없이 줄거리를 따라가며 소년은

---

* 마쓰오 바쇼松尾芭蕉의 하이쿠 「나그네길에 병들어 꿈은 메마른 겨울 벌판을 달린다」의 패러디.

그 천의 신비로운 감촉을 느꼈다
이야기와는 다른 감촉을

다 읽은 소년의 손에
천만이 남았다
그 천을 통해서 주변을 둘러보니
풍경이 어느 때보다 다르게 보였다

전봇대의 그림자는 유난히 짙고
어디선가 희미한 음악이 들려온다……
그가 어른이 되면 그 천을 다른 이름으로 부를 것이다
'포엠 아이'*라고.

---

* Poem Eye: 시인 다니카와 슌타로가 만든 말로 추정된다. "그런데 양초같이 하얀 아내의 나체를 보면서 나는 돌연 내 눈이 변화했음을 알았다. 내 눈동자는 죽은 사람의 그것처럼 커지고 수정체는 끝없이 먼 곳으로 초점을 맞추었다. 순간 나는 터득했다. 모든 것을 시의 시선으로 바라보는 것, 포엠 아이! [……] 이래서 나는 세계의 수수께끼 놀이에 참가하게 되었다"(다니카와 슌타로, 「포엠 아이」). '시안詩眼'이라는 한자어가 있으나, 의미가 다르다.

독서의 즐거움

고타쓰*에 다리를 넣고
손에 땀을 쥐는 모험소설
쌀과자를 집어 먹으며 남의 떡으로 제사 지내듯
넋 잃고 입을 맞추는 연애소설

내 손은 더럽히지 않고
남에게 살인을 시키는 하드보일드
이웃은 무엇을 하는 사람인지도 모른 채
타인의 삶을 엿보는 사소설

철저히 수동적인
독서의 즐거움
줄거리에 사로잡혀
이끄는 대로 헤맨다

빨리 결말에 닿고 싶다
끝나지 않았으면 좋겠다
남은 페이지의 두께를 살짝 재어보며

* 탁자 위에 이불을 덮어 쓰는 난방기구. 탁자 밑에 화로가 있다.

행간을 떠도는 장편소설

이 세상에서 가장 달콤한 게으름
뜨겁게 젖어드는 뇌
펼쳐지는 불사영생의 세계
독서의 즐거움

내가·죽은·이유

여객기는 지금 불길에 휩싸여 추락하려 합니다
승객들이 비명을 지르고 있습니다만
저는 조용히 앉아 있습니다 눈 한 번 깜빡이지 않고
회랑 같은 둥근 천장을 바라봅니다
왜냐하면 항공기 납치범들이 경고로 가장 먼저
저의 목을 베었기 때문인데 그들이
알고 있었던 것은 아닙니다 말기 암을
앓던 제가 절망 끝에 후련히 결심해서
천국에 가장 가까운 곳에서 평온히 잠들기 위해
대량의 수면제를 먹은 직후였다는 것은……
그런데 왜 폭발했을까요?
범인들이 폭탄을 가지고 있었던 걸까요
아니면 영공을 침범당한 타국의 미사일이 명중한 걸까요
어쩌면 우연한 사고가 겹쳐 일어난 걸까요
모르겠는데요 저에게는 이제 상관없는 일입니다
살아 있는 동안에 경험했던
모든 것이 지금 이 찰나에

「소설/詩」(2017)

거친 파도처럼 밀려옵니다

제 삶의 모든 순간들이 이 결말을 위한 복선이었다는

생각이 드는 것도 살아 있기 때문에 가능한, 살아 있는 자의 특권이지요

인과의 고리는 이제 단절되었습니다 순간 자체에는

원인도 결과도 없습니다 납치범보다 무질서하고 무차별한

반짝이는 진주알이 되어버린

기체가 기운 바람에 저는 넘어져 피투성이 얼굴이 이중창에 붙었고

아아 붉은 혀가 기어다닙니다 창밖에서 다가오는

푸르고 둥글며 거대한 물체 그 이름이 뭐였더라? 종이처럼 얇은 표층 위에

내팽개친 순간 줄이 끊어져서 사방에 흩날리는

제 목걸이……!

역류소설

거슬러 올라가는 언어로 된 빗방울이 창유리를 타고 기어오르며 하늘로 솟아오르고

땅거미에서 떠오른 해가 아침노을 너머로 진다

노인이 큰 뜻을 품고 소년은 학문을 배우지 못한 채 태아로 늙기 쉽고

행동하기 전에 후회하고 엎지른 물이 그릇에 돌아가고 모든 추측이 추억으로 변한다

거슬러 올라가는 언어로 쓰인 소설을 읽고 싶다 임의의 결말에서 비롯되고

인과의 흐름에 따라 사건의 발단을 향해 진행되는 역류소설!

물구나무선 결정 트리의 가지 끝에서 뿌리로 나무줄기를 타고 내려가는 서술의 다람쥐들

가지 끝에 흔들리는 꽃은 색색이지만 뿌리 끝까지 파고들면

이 세상의 시작은 단 하나의 아마겟돈이 아니라 빅뱅

결말이 정해져 있다고 해서 독서의 의욕이 떨어지는 것은 아니다

말없이 누운 시체에서 수수께끼가 시작되는 추리소설

마들렌 한 조각에서 비롯되는 장황한 회상록

시간의 소행은 소설의 상투적인 수단 애당초 우리 인간이 미래를 예견할 수 없고

미래에 등을 돌린 채 과거를 향해 살아가는 '현존재'인 이상

모든 담론은 원래 거슬러 올라가는 언어로 쓰인 것이 아닐까

임종 때 본다는 주마등조차 지구와 반대 방향으로 돌 것이다

인생의 모든 과정을 거쳐 고고지성을 올리며 피비린내 나는 산도를 빠져나가

미생의 어둠으로 사라진다 오, 그것이야말로 궁극의 역류소설!

모든 이야기의 끝은 우주의 자궁. 녹아 소용돌이치는 성운의 배꼽

허구의 이야기를 끝내고 글의 족쇄로부터 해방된 언어의 조각은 한결같은 정충精蟲

심장의 고동이 우르릉거리는 칠흑의 천막 아래 말하는 기세만으로 이루어진 꼬리를 흔들며

위대한 침묵의 수태를 향해 더욱 거슬러 올라간다

묘사

숲속에
봉분처럼 솟은
낙엽 더미가 있었다

그 아래 아내가 묻혀 있다는 것은
금방 알 수 있었다

무릎을 꿇고 맨손으로 땅을 팠다 굶주린 개처럼

아내의 얼굴을
온전히 덮고 있던 것은 부엽토가 아니라
단어였다

얼굴 생김새를 묘사하는 무수한 단어의 무리
'눈초리가 째진' '강한 의지' '연보랏빛' '의외로' '멜라닌' '취약' '늠름' ……
겹겹이 포개지고 얽히며
스멀스멀 우글우글 무턱대고 모질게 준동하면서

단어들이
아내의 나신에 몰려들고 있었다

너무 역겨워 얼굴을 돌리면서
손톱으로 긁어냈다

직소 퍼즐의 조각처럼
말을 하나씩 벗겨낼 때마다
아내의 맨얼굴이 드러났다

마지막 조각은 '슬픔'이었다 그것을 떼어내자
흙이 달라붙어 겨우 알아볼 수 있을 정도로
아내의 머리는 무색투명하고 속이 텅 비어 있었다

이제 눈으로 볼 수 없는
그 모습을
나는 팔을 내밀어
가슴에 꼭 끌어안으려고 했는데

아내는 무거웠다
들어 올리기는커녕
온 힘을 다해도 미동조차 하지 않았다

나는 그 자리에 주저앉아
무시무시한 무언의 무게에 압도당하며
투명한 아내의 뺨을 손가락으로 쓰다듬었다

……

…………

나는 끝끝내 행복한 남편이었다!

퇴고하는 사람

그 사람은 말이 없다
그저 눈살을 찌푸린
난처한 표정으로
고개를 살짝 가로젓는다

글 쓰는 동안에는
모습을 감추고
무엇을 썼는지 잊을 무렵에
느닷없이 나타나 손가락으로 가리킨다

낱말 하나, 행 몇 줄
때로는 문장 전체까지
나보다 거침없이 버리면서도
결코 포기하지 않고 기다리는 사람

진부한 표현과 독선을 경계하며
더 깊이 내려가야 한다는 관념에 사로잡힌 채
이미 쓰인 모든 시와

아직 쓰이지 않은 시 사이의

침묵 속에 사는 사람
무수한 부정을 되풀이하며
단 하나의 긍정으로 이끌어가려는 사람
당신은, 누구십니까?

『소설小說』(2017)

i poet — 윌 스미스는 시를 읽을까?

1
로봇이
시를 쓴다고?
엉뚱한 소리로 형사가 외쳤다
그런 시시한 이야기는 들어본 적도 없어

생각해봐
시를 쓴다는 것은 마음이 있다는 거지
형사라면 누구든 뼈저리게 알고 있어
마음이 있는 곳에 미움이 있고 살의도 있다
로봇이 마음을 가지면 아시모프의 '로봇 3원칙'에
저촉되―
형사는 말이 막혔다
……그 로봇이 박사를 죽인 범인이라고?

2
범행 현장에 남겨진
도주 중의 로봇이 쓴 시의 자필(!) 원고

"인간들이여, 알거라. 시는 마음에서 솟아나는 것이 아니라,

쓰인 시의 글자에 마음이 깃드는 것이다"

3

감식반의 보고에 따르면

불과 열네 줄의 소네트 한 편에

틀린 철자 세 개, 문법적 오류 두 개

프로그램의 버그인가?

아니면 시는 발생한 순간부터

광기를 잉태하고 있다는 가설에 대한 새로운 증거일까?

4

도주하는 i poet

집요하게 뒤쫓는 형사들

한밤중의 창고에 늘어선 출하 전의 로봇들

얼빠진 눈으로 공중을 바라보기만 하는 수천 개의 똑같은 얼굴 속에

언뜻 움직인 눈알 하나

—시의 낌새다

5

i poet은 모른다

자신이 적는 보잘것없는 말들이

어디서 왔는지

그것은 그의 기억용량을 채우는 방대한 데이터에서 도출된

것이 **아니다**

그 앞쪽 또는 뒤쪽에

끼는 안개 같은 것이라고 **생각한다**

'자신'을 성립시키는

시스템 환경과 응용 프로그램, 초합금과 실리콘의 육체

그것들의 안쪽에서 외부로 통하는

클라인병*

---

* Klein bottle: 안팎이 연결되어 있어 안이면서 동시에 밖이고, 밖이면서도 안인 독특한 형태의 입체이다. 3차원 공간에서는 실현되지 않지만, 그림으로 표현할 수 있다.

거기서 굴러가는 이슬 한 방울······

6

이런 건 시가 아니야!
수염 끝을 떨며 늙은 시인이 분노한다
시는 인간 정신에만 주어진 신성한 것이다
기계 따위가 쓸 수 있을 리가 없어

이것이야말로 새로운 포에지입니다!
젊은 시인이 게거품 물고 반론한다
인간의 감성으로는 파악할 수 없는 세계의 언어화
그게 시의 궁극적인 목표였지요

두 시인 사이에서
형사들은 진절머리가 난다

7

시를 쓰는 동안에, 아니
엄밀히 말하면 낱말 하나를 적고
다음 말이 찾아오기 직전의 고요 속에서

i poet의 이미지센서에 떠오르는

그리운 풍경의
희미한 잔상……

형사들이 필사적으로 수색을 해도
나는 결국 거기에 다다를 것이다
체념에 가까운 슬픔 속에서 그는 생각한다
자기도 모르게 손가락 끝으로
자신의 ON/OFF 버튼을 만지면서

8

울려 퍼지는 총소리 한 발
뚫리는 (심장이 없는) 가슴
여덟 장의 날개로 만든, 다 확장될 수 없는 동공에
어두운 하늘이 비쳤다

이제 i도 아니고 poet도 아닌
파손된 제품에 불과한 그가
반출된다
재활용의 윤회전생으로

9

소년은 PC 앞에서 한숨을 쉰다

이 사이트 어딘가에
세계 최초로 로봇이 쓴 시가 있다고 하는데
보이는 것은 온통 말, 말, 말……

평생 찾아도 찾지 못하겠다
포기한 그는 화면에
MS Word의 하얀 페이지를 열고
내친김에 자신의 머릿속도 백지로 만든다

그리고 눈여겨보면서
다시 기다린다
아무도 본 적 없는
신기한 말의 얼룩이 떠오르는 순간을

「소설小說」(2017)

에필로그를 대신하여

섬을 풀다

오직 눈으로만
섬을 풀어본다
하천과 등고선과 돛단배를 끌어당겨
한 올의 리본으로 엮어서

바람에 날린다

한때 산이었거나 계곡이었던 것을
바다에 씻어 하늘로 빗질한다

의미를 묻지 마라
이름은 그저 잔잔한 물결

꽁꽁 엉긴 풍경을
한 올의 노랫소리로 풀어
세월의 귀에 장식을 한다

투명한 미궁
그 중심에 웅크린 괴물의 알몸
끝없는 유배
뉘우침의 닻줄

모래사장에 남겨진 발자국과
썩은 용골과 밀려오는 물머리를
날치들에게 던져주고

마지막으로 던지는 한 줄기 눈길만으로
한때 삶이자 꿈이었던
섬을 풀어
저물어가는 여름 구름에 맡긴다

(2024년 8월 미발표)

옮긴이 해설

　요쓰모토 야스히로四元康祐는 이동하는 사람이다. 어쩌다가 연락하게 되면 그는 유럽에서, 미국에서, 아시아의 어느 나라에서 시 축제에 참가해서 외국 시인들과 이야기를 나누고 있다. 아니면 먼 나라의 깊은 숲속을 산책하고 있다. 일본에 있을 때도 자전거를 타고 바다 위의 긴 다리를, 외딴섬을, 홋카이도의 광야를 달리고 있다.

　그는 말하는 사람이다. 유치원 때부터 어른처럼 말을 잘했으며, 학생 때 별명이 '스피커'였다고 한다. 도쿄의 라이브하우스에서 스스로 시 관련 이벤트를 주최하기도 한다.

　그 행동력과 말재주는 글을 쓰는 데에도 유감없이 발휘되어, 그는 시집만이 아니라 에세이, 시론, 번역, 소설 등 다양한 글을 끊임없이 발표한다. 안쪽에 쌓인 언어를 밖으로 내보내지 않으면 몸이 터질 것처럼.

　한국 시인들과의 교류를 말하자면, 2020년 봄에 일본에 귀국한 뒤, 코로나 팬데믹을 주제로 한일 동시 출간한 앤솔러지 시집 『지구에서 스테이』(넥서스, 2020)

와 『그 순간 문 열리는 소리가 났다』(안온북스, 2022)에 참여했다. 그 이전인 2015년에는 김혜순 시인, 다니카와 슌타로谷川俊太郎 시인, 밍디明迪 시인과 함께 '한중일 3개 국어 연시連詩'를 쓰기도 했고, 최근 몇 년 간에는 오은 시인, 장석 시인과의 대담도 이어졌다. 또 문보영 시인과는 「구름의 중재」의 배경이 된, 2023년 아이오와대학교 국제창작프로그램에서 함께 지내며 인연을 쌓았다.

요쓰모토 시인은 1986년에 회사 주재원 자격으로 미국에 건너갔고, 1988년부터 2년간 펜실베이니아 대학에서 MBA 과정을 밟고 수료했다. 『웃는 버그笑うバグ』(1991)에 실린 작품은 바로 그 바쁜 미국 생활 틈틈이 쓰인 것들이다. 이 시집은 회사원의 일상 감각뿐 아니라, 자본주의와 경제 논리까지 시의 소재로 삼은 점이 특징적이다. 이러한 접근은 당시 일본 시단에서 매우 이질적인 것이었으며, 『웃는 버그』의 등장은 하나의 사건이었다. 원로 시인 다니카와 슌타로는 "이런 시가 나타나는 것을 나는 기다리고 있었다"고 그 등장을 반겼다.

『세계중년회의世界中年会議』(2002)에서는 청춘도 노년도 아닌, 바로 '중년'이라는 삶의 한 국면을 시의 주제로 삼았다. 작가 다카하시 겐이치로高橋源一郎는 "이 시집이 새로운 주제를 발굴함으로써 일본 현대시의 지평을 넓혔다, 모든 시가 무척 재미있다"고 평가했다.

『현대 닛폰 시일기現代ニッポン詩日記』(2015)는 독일에 거주하던 시기에 쓴 시와 에세이를 모은 책이다. 그는 그곳에서 현대 일본 사회를 외부자의 시선으로 바라보며 느낀 것들을 시와 시사적 에세이로 표현해서 일본의 신문에 연재했다. 작품 곳곳에 모국에 대한 거리감과 위화감이 드러난다.

『언어 재킹言語ジャック』(2010)은 언어 실험적 작품을 모은 시집으로 이게 시가 맞나 싶은 작품도 적지 않다.

일본어는 모음이 a·i·u·e·o 다섯 개뿐이고 대부분의 말이 '자음+모음' 구조라서 동음이의어를 이용한 말장난을 일상적으로 많이 한다. 「신칸센 안내방송」도 이런 언어유희를 바탕으로 하고 있다. 이것은 사실 시집 제목이 된 시 「언어 재킹」의 전반부만을 번역한 것이다. 후반부는 에도 시대 대표 하이쿠 시인 마쓰오 바쇼松尾芭蕉가 일본 각지를 여행하며 풍경과 감회를 하이쿠와 기행문으로 엮어 쓴 『오쿠노호소미치奥の細道』 서두를 그대로 인용하고, 거기에 음이 비슷한 말을 덧붙인 패러디로 도저히 번역이 불가능하다. 「신칸센 안내방송」은 한국어의 동음이의어를 찾아서 옮겨봤으니

번역자의 창작이 적지 않아 섞여 있다.

와카和歌(5·7·5·7·7의 5구 31음의 짧은 정형시) 등 일본의 전통 시가에는 언어유희적 요소가 풍부하다. 대표적인 예로 '가케코토바掛詞'라는 기법이 있다. 이는 발음이 같은 말을 겹쳐 사용함으로써, 하나의 구절에 두 가지 이상의 의미를 중첩시키는 방식이다. 예를 들어 '소나무'를 뜻하는 '松'(마쓰)와, '기다리다'를 뜻하는 동사 '待つ'(마쓰)는 발음이 같다. 그래서 솔숲 사이를 스쳐 부는 바람을 의미하는 '松風'(마쓰카제)라는 단어 하나로 바닷가의 솔숲에 부는 바람의 이미지에다가, 누군가를 기다리는 사람의 불안한 마음을 겹쳐서 표현할 수 있다. 즉 동음이의어를 이용한 고급 말장난이라고 할 수 있다.

또 다른 기법으로 '혼카도리本歌取り'가 있다. 이는 널리 알려진 명작의 한 구절을 인용하여 새로운 작품을 만들어내는 것이다. 예를 들면 다음과 같다.

白鳥は哀しからずや 空の青 海のあおにも染まずただよふ
백조는 슬프지 아니한가?
하늘의 파랑, 바다의 푸름에도
물들지 않고 떠돌고 있으니

국어 교과서에도 나오는 와카야마 보쿠스이若山牧水의 이 유명한 단카短歌(근대 이후 와카는 단카라고 불리게 되었다)를 혼카도리하여 다와라 마치俵万智는 새로운 단카를 지었다.

空の青海のあおさのその間 サーフボードの君を見つめる
하늘의 파랑, 바다의 푸름 그 사이에서
서핑을 하는 너를 바라본다

앞의 단카를 떠오르게 하면서도 사랑하는 이를 바라보는 여자의 마음을 밝은 이미지로 묘사하고 있다. 이와 같이 혼카도리는 과거의 작품과 대화하듯 새 작품을 만드는 수법이다. 일종의 패러디 또는 오마주다.

겉으로 보기엔 장난처럼 보일 수 있지만, 이것들은 헤이안 시대의 귀족 사회에서 정식으로 인정받은 표현 방법이었다. 인용된 원전을 알아야 제대로 된 감상이 가능하기·때문에, 쓰는 이도 읽는 이도 일정한 교양 수준이 요구되었다. 즉 이는 그들 사이에 형성된 공감대 속에서만 가능한, 고급 언어유희였던 것이다.

그리고 그런 언어유희는 현대시에도 영향을 미치고 왔다. 요쓰모토 작품도 예외는 아니다. 그의 시집에는 일본어 특유의 음운 구조나 말장난, 시인이 살아온 시대의 유행어, 지역 방언, 대중문화 등이 다채롭게 녹아 있다. 그뿐만 아니라, 인용의 폭도 매우 넓다. 근대 일본시는 물론이고, 근대 이전의 시가, 심지어 『고사기古事記』나 『만요슈万葉集』같은 7, 8세기의 책까지 원천으로 삼는 경우가 있다.

이러한 요소들이 겹겹이 쌓인 그의 작품은, 일본 현대시의 감각에 익숙한 독자라면 시인의 장난기를 즐기며 읽을 수 있다. 그러나 동시에 그러한 작품은 본질적으로 번역이 어려운 것이기도 하다. 『단조롭게 뚝뚝, 데퉁스럽고 난폭하게単調にぽたぽたと、がさつで粗暴に』(2017)에 수록된 시 「그彼」는 전체가 패러디와 해학으로 구성되어 있다. 어떤 패러디인지, 어떤 문맥을 뒤틀고 있는지 외국 독자에게는 알아차리기 어려운 부분이 많을 것이다. 솔직히 말해, 번역을 피하고 싶은 작품이다. 그래도 시인이 어떤 장난을 치고 있는지를 보여주기 위해, 본의 아니게 긴 주석과 함께 번역해보았다(물론 일부는 주석을 생략하고 평이한 표현으로 바꾸기도 했다). 읽기가 번거롭겠지만, 너그러이 이해해주시길 바란다.

이 책은 요쓰모토 시인의 지금까지의 대표작을 모은 시선집이다. 그런데 그는 지금도 멈추지 않고 시를 쓰고 있다. 마치 회유어처럼 새로운 언어의 해역으로 끝없이 이동하고 있는 중이다. 그는 해류를 따라, 다시 먼바다로 나아갈 것이다. 어디로 가려고 하는지 나로서는 짐작도 못 하지만.

추천의 말

　그 이름 요쓰모토 야스히로. 시의 사제의 출현으로 지구는 다소 풍성해졌다. 시인이 인류를 아끼는 마음은 다정하고도 진취적이다.

　그가 끌어당긴 지구 서랍 안에 인간들이 가득 모여 바글거리고 있다. 그리고 그 아래 서랍에는 분명 다른 것이 있다고 믿을 뿐 열지는 않는다. 바로 그 '열지 않음'을 밑변에 두고 쓰는 시가 요쓰모토 야스히로의 시다. 인간주의를 향한 그의 믿음은 그의 시에서 경쾌하게 회전하고, 인류의 운명이 최악으로 어긋나서는 안 되는 이유를 분명히 한다.

　그는 역설을 통해 반성한다. 이 반성은 일차원적인 반성을 넘어선 반성이어서 뼈를 때린다. 인류의 무너지는 것, 흘러가는 것, 굳어버리는 것: 어깨에 짐을 올린 사람처럼 이 모두를 (인류를 대신해) 반성하고도 어떤 모자람이 있는 것 같다. 시인의 회로망 안에는 현실, 욕망, 실존 모두와 관련해 반성의 본능이 도사리고 있는지도.

　"내가 행복하기 위해/다른 사람들이 기아나 고통을

벗어날 수 있도록/손을 내밀"(「일본국 헌법 전문」)겠다며 양심의 저울 앞에 자주 선다. 그는 "꿈이 메마른 지구"(「소설 메들리」)를 반죽하여 구워내는 시의 사제니까. "이미 쓰인 모든 시와/아직 쓰이지 않은 시 사이"(「퇴고하는 사람」)에서 그는 인류의 사막화를 막으려 꿈을 꾼다. 게다가 "거슬러 올라가는 언어"(「역류 소설」)로 시인들이 건드리지 않는 세상 표정을 감당한다. 기발奇拔로 전복顚覆한다.

이 시집을 탐사하고 왔는데 아나콘다 혹은 악어의 힘 같은 것이 내 몸을 휘감은 채 여전히 풀어주지 않고 있다. 이 시집으로 한국 시단과 한국 시인들이 와르르 자극받을 것이 분명하다.

시 한 편을 넘길 때마다 마치 이마의 정중앙을 조준한 듯 그 위로 똑똑 떨어지는 차갑디차가운 물방울들!!

이병률(시인)

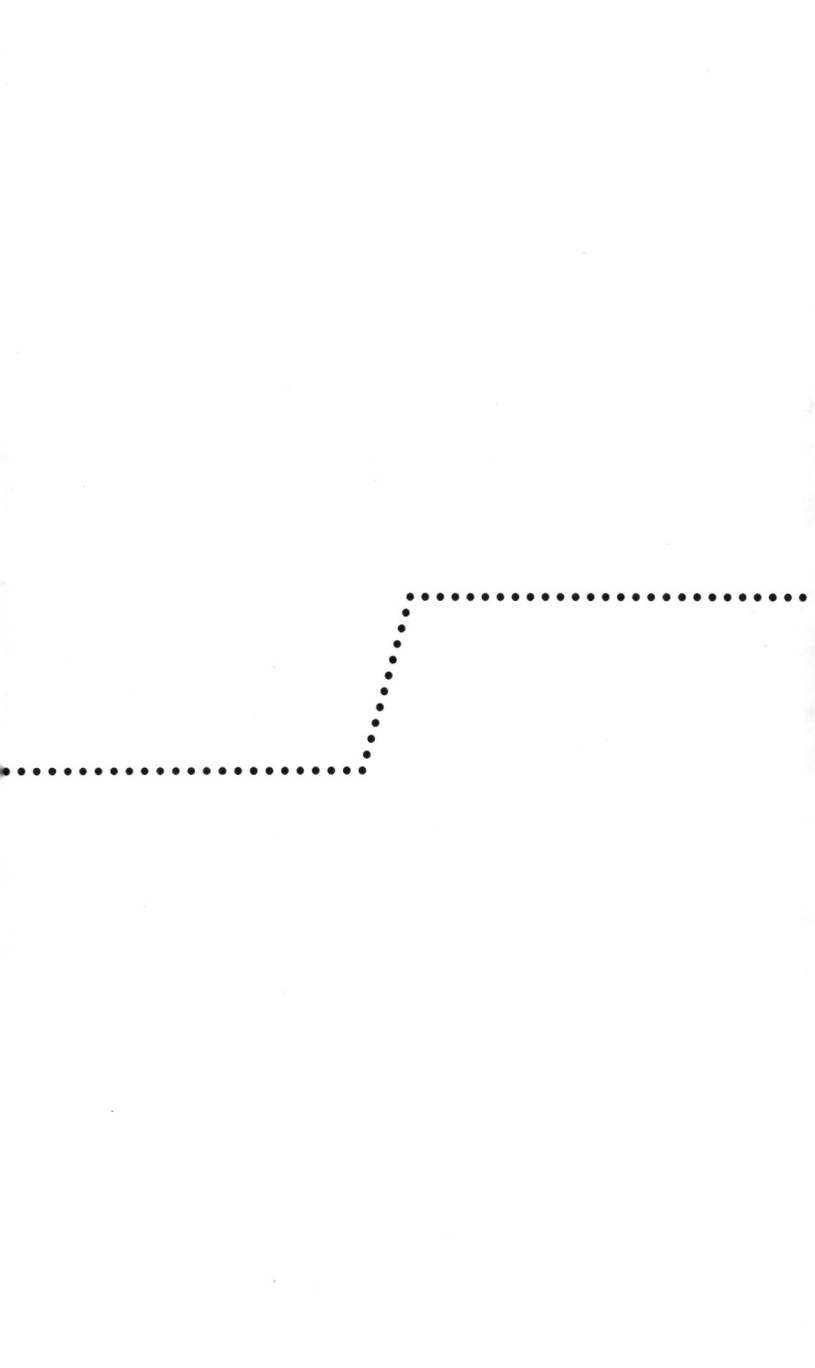

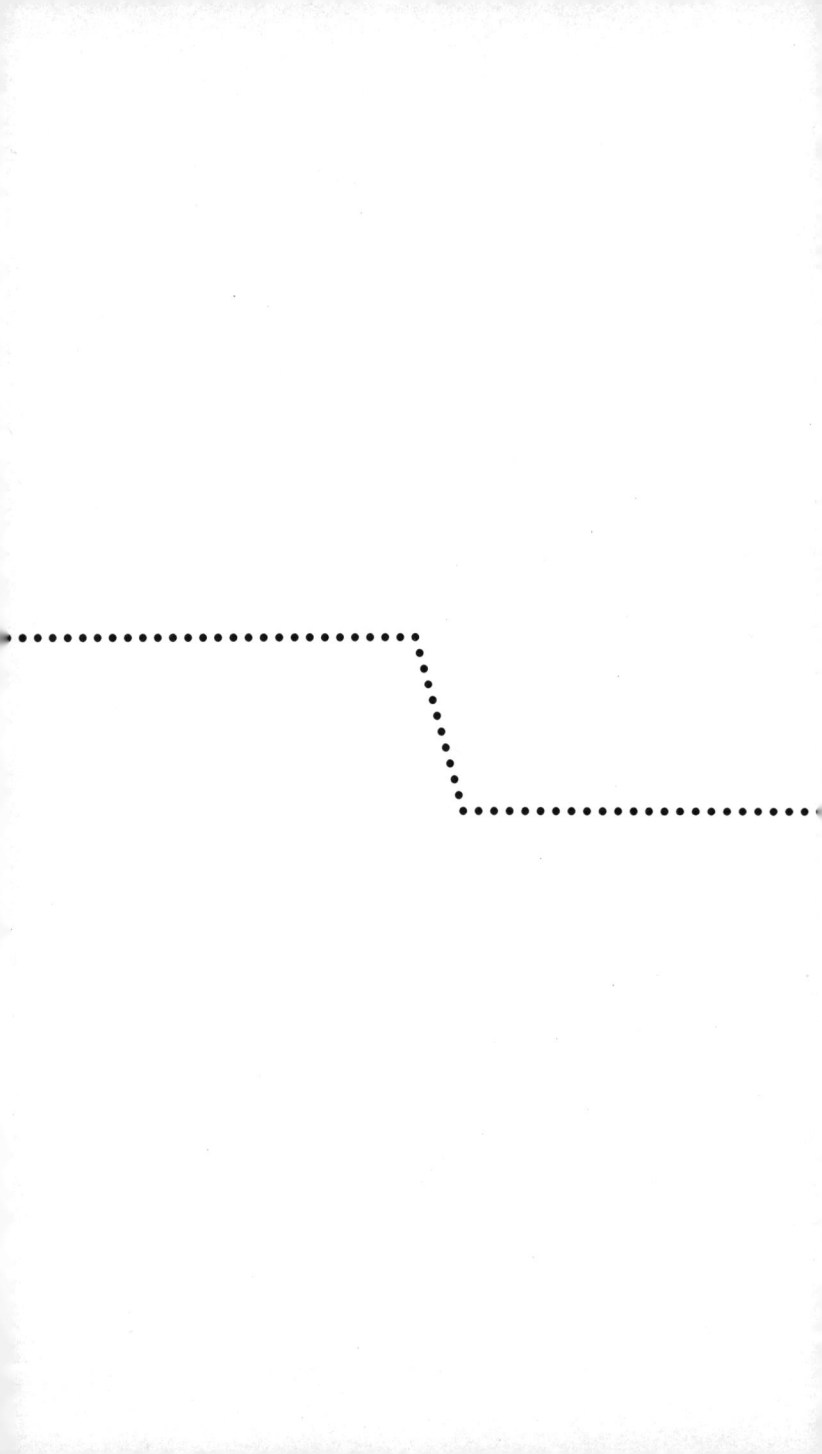